国家智库报告 (2021)
National Think Tank(2021)

长江经济带城市协同发展能力指数（2021）研究报告

CHANGJIANG JINGJIDAI CHENGSHI XIETONG FAZHAN NENGLI ZHISHU
(2021)YANJIU BAOGAO

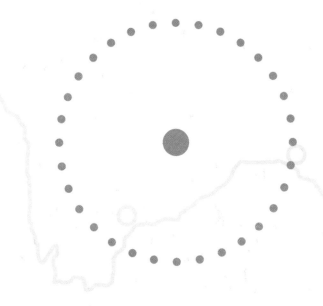

曾刚　等／著

中国财经出版传媒集团
经济科学出版社
Economic Science Press

图书在版编目（CIP）数据

长江经济带城市协同发展能力指数（2021）研究报告/
曾刚等著 . －－北京：经济科学出版社，2022.11
ISBN 978 - 7 - 5218 - 4295 - 1

Ⅰ.①长… Ⅱ.①曾… Ⅲ.①长江经济带 - 城市经济
- 经济发展 - 研究报告 - 2021 Ⅳ.①F299.275

中国版本图书馆 CIP 数据核字（2022）第 217468 号

责任编辑：刘　莎
责任校对：齐　杰
责任印制：邱　天

长江经济带城市协同发展能力指数（2021）研究报告
曾　刚　等著
经济科学出版社出版、发行　新华书店经销
社址：北京市海淀区阜成路甲 28 号　邮编：100142
总编部电话：010 - 88191217　发行部电话：010 - 88191522
网址：www. esp. com. cn
电子邮箱：esp@ esp. com. cn
天猫网店：经济科学出版社旗舰店
网址：http://jjkxcbs. tmall. com
北京时捷印刷有限公司印装
787×1092 16 开 8.25 印张 120000 字
2022 年 11 月第 1 版 2022 年 11 月第 1 次印刷
ISBN 978 - 7 - 5218 - 4295 - 1 定价：36.00 元
（图书出现印装问题，本社负责调换。电话：010 - 88191510）
（版权所有 侵权必究 打击盗版 举报热线：010 - 88191661
QQ：2242791300 营销中心电话：010 - 88191537
电子邮箱：dbts@ esp. com. cn）

长江经济带城市协同发展能力指数（2021）研制团队

曾　　刚　教育部人文社科重点研究基地中国现代城市研究中心主任，上海市社会科学创新基地长三角区域一体化研究中心主任，上海高校智库上海城市发展协同创新中心主任、华东师范大学城市发展研究院院长、终身教授

滕堂伟　华东师范大学城市与区域科学学院副院长、教授

胡　　德　华东师范大学中国现代城市研究中心特约研究员

曹贤忠　华东师范大学城市发展研究院副教授

石庆玲　华东师范大学城市发展研究院副教授

朱贻文　华东师范大学城市发展研究院副教授

朱妮娜　华东师范大学城市发展研究院博士后

吴林芳　华东师范大学城市发展研究院办公室主任

杨　　阳　华东师范大学城市与区域科学学院博士生

覃柳婷　华东师范大学城市与区域科学学院博士生

郭　　艺　华东师范大学城市与区域科学学院博士生

程丹亚　华东师范大学城市与区域科学学院博士生

陈鹏鑫　华东师范大学城市与区域科学学院博士生

万媛媛　华东师范大学城市与区域科学学院博士生

王胜鹏　华东师范大学城市与区域科学学院博士生

马　菁　华东师范大学城市与区域科学学院硕士生

袁　荣　华东师范大学城市与区域科学学院硕士生

吴启余　华东师范大学城市与区域科学学院硕士生

林思彤　华东师范大学城市与区域科学学院硕士生

鲍　涵　华东师范大学城市与区域科学学院硕士生

陈　波　华东师范大学城市与区域科学学院硕士生

吕　磊　华东师范大学城市与区域科学学院硕士生

张旭敏　华东师范大学城市与区域科学学院硕士生

前　言

　　长江经济带覆盖上海、江苏、浙江、安徽、江西、湖北、湖南、重庆、四川、贵州、云南11省市，横跨我国东中西三大地带，其人口规模和经济总量占据全国"半壁江山"，科技创新、生态服务地位显赫，未来发展潜力巨大。为了推动新时期高质量发展、实现中华民族伟大复兴，习近平总书记亲自谋划、亲自部署、亲自推动了长江经济带发展国家战略。2016年以来，习近平总书记先后在长江上游重庆、中游武汉、下游南京召开专题座谈会，为"推动"、"深入推动"，到"全面推动"长江经济带高质量发展把脉定向，要求长江经济带不断增强开放联动效应，打造区域协调发展新样板，构筑高水平对外开放新高地。

　　在人类步入第四次产业革命、百年未有之大变局的新时代，长江经济带作为我国新时期新发展的重要支撑，肩负着生态优先绿色发展的主战场、畅通国内国际双循环主动脉、引领经济高质量发展主力军的重任。为此，华东师范大学研究团队连续7年编制并发布了长江经济带城市协同发展能力指数。在本书的编撰过程中，研究团队基于区域创新系统、复合生态系统、城市生态韧性理论，根据中央部署、时代大势、域外经验与长江特色，构建了包含经济发展、科技创新、交流服务、生态支撑四大领域18个具体指标组成的长江经济带城市协同发展能力评价指标体系，并借助指数计算、空间自相关分析等定量方法，计算分析了 2021 年长江经济带 110 个城市协同发展能力指数及其多重特征，并提出了促进长江经济带城市协同发展的对策建议。

研究团队放弃了原来国内相互比较的方法，遵循"对标世界最高标准、最高水平"的新思路，计算分析长江经济带城市协同发展能力。研究发现，长江经济带协同发展取得三大进展：一是长江经济带城市综合协同发展能力显著增强，二是长江经济带城市体系向橄榄型方向优化，三是三大城市群的战略引领和支撑能力大幅提升。然而，对标世界最高标准、最高水平，长江经济带城市协同发展能力仍存在三大问题：一是生态短板仍然突出。110 个城市中生态支撑领域位居第一的舟山得分也仅为 19.17 分，而经济发展、科技创新、交流服务等领域排位第一的城市得分都在 90 分左右，系统耦合的摩擦阻滞效应明显；二是创新能力极化严重。110 个城市中科创协同能力排位第一的上海市得分高达 95.48 分，而排在末位的城市得分仅为 0.13 分；三是沿海与内地都市圈协同发展能力差异明显。长三角城市群城市协同发展能力平均分值接近 16 分，而长江中游城市群平均分值为 10.5，昆明都市圈、贵阳都市圈平均分值与沿海仍有巨大差距。为了推动长江经济带城市协同发展，应该五措并举，持续开展保护修复攻坚战；圈群耦合，推动大中小城市协同向前；链链不舍，实现创新链产业链资本链供应链联动发展；网点交融，提升流域创新体系整体效能；带路融合，开创全方位开放新局面。

本报告得到了国家发展和改革委员会基础产业司（推进长江经济带发展领导小组办公室）、教育部社科司、上海市人民政府发展研究中心的大力支持，教育部人文社科重点研究基地中国现代城市研究中心（中国智库 CTTI）、上海高校智库·上海城市发展协同创新中心、上海市人民政府决策咨询研究基地曾刚工作室（中国智库CTTI）、长江流域发展研究院、华东师范大学城市发展研究院等单位骨干人员组成的研究团队付出了辛勤劳动，中国科学院院士/中国地理学会理事长/中国科学院青藏高原研究所所长陈发虎教授、国务院发展研究中心副所长常纪文研究员、重庆大学原常务副书记/重庆市政府参事陈德敏教授、湖北省政协常委/民进湖北省委副主委/湖北省科技厅副厅长杜耘教授、教育部长江学者特聘教授/南京大学长江三角洲经济社会发展研究中心主任范从来教授、上海社会科学院城市与人口发展研究所所长朱建江研究员，以及原上海市副市长/华东师范大学城市发展研究院理事长胡延照教授、原华东师范大学党委副书记/城市发展研究院副理事长罗国振教授等给予了重要指导，特此表示衷心的致谢！

需要指出的是，区域一体化、城市协同发展是各界关注的热点议题，长江经济带城市协同发展能力的量化评价是一项具有挑战性的工作。尽管研究团队在科学理论、计算方法、指标目标值/阈值设定、分析归纳等方面，作出了不懈努力，但受多方面条件限制，疏漏谬误之处在所难免，恳请各位读者批评指正！

华东师范大学终身教授　曾刚
2021 年 11 月于上海华东师范大学丽娃河畔

目　　录

第一章　长江经济带城市协同发展的背景 ················· 1

第一节　"双碳行动"需要城市协同应对 ·············· 1

第二节　我国经济高质量发展需要区域协同发展
支撑 ··············· 3

第三节　长江流域共抓大保护需要城市生态协同
发展 ··············· 5

第二章　长江经济带城市协同发展能力评价方法 ·········· 8

第一节　协同发展能力评价的理论基础 ············· 8

第二节　指标体系构建与指标解释 ············· 16

第三节　计算与分析方法 ················· 26

第四节　目标值设定 ················· 28

第三章　长江经济带城市协同发展能力评价结果 ·········· 40

第一节　协同发展能力东高西低呈橄榄型分布 ········· 40

第二节　专题领域协同发展能力差异巨大 ········· 50

第三节　协同发展能力的空间集聚和差异并存 ········· 60

第四节　主要结论与发现 ················· 65

第四章　促进长江经济带城市协同发展的对策建议 ·············· **70**

　　第一节　五措并举,持续开展保护修复攻坚战 ············· 70

　　第二节　圈群耦合,大中小城市协同向前 ················ 73

　　第三节　链链不舍,创新链产业链资本链供应链联动

　　　　　　发展 ·································· 75

　　第四节　网点交融,流域创新体系效能整体提升 ·········· 76

　　第五节　带路融合,培育全方位开放新优势 ············· 78

第五章　长三角城市协同发展专题分析 ················· **80**

　　专题一:长三角协同发展态势分析 ················· 80

　　专题二:长三角一体化示范区案例 ················· 95

　　专题三:G60 科创走廊建设 ···················· 107

参考文献 ······························· 120

第一章　长江经济带城市协同发展的背景

在"双循环"新发展格局下，长江经济带作为具有全球影响力的内河经济带、东中西互动合作的协调发展带、沿海沿江沿边全面推进的对内对外开放带和生态文明建设的先行示范带，成为推动我国经济高质量发展的重要引擎。2020年11月14日，习近平总书记在南京召开的全面推动长江经济带发展座谈会上强调，要坚定不移贯彻新发展理念，推动长江经济带高质量发展，谱写生态优先绿色发展新篇章，打造区域协调发展新样板，构筑高水平对外开放新高地，塑造创新驱动发展新优势，绘就山水人城和谐相融新画卷，使长江经济带成为我国生态优先绿色发展主战场、畅通国内国际双循环主动脉、引领经济高质量发展主力军。

第一节　"双碳行动"需要城市协同应对

实现"碳中和"是应对全球气候变暖的必然要求。2016年1月1日，联合国大会第七十届会议审议通过的《2030年可持续发展议程》正式启动，明确指出如不采取行动，21世纪温度将上升

3℃。2016 年 1 月 1 日，《2030 年可持续发展议程》正式实施，提出了 17 项可持续发展目标，其中第 13 项为采取紧急行动应对气候变化及其影响。2021 年 1 月，世界气象组织宣布 2020 年全球平均气温约为 14.9℃，较工业化前水平高出 1.2℃左右，是有记录以来最暖的三个年份之一。而气候的变暖也导致了极端天气频发、冰川融化、海平面上升等一系列问题。为应对全球变暖的威胁，《巴黎协定》确立了 2020 年后国际社会合作应对气候变化的基本框架，提出把全球平均气温较工业化前水平升高幅度控制在 2℃之内，并为把升温控制在 1.5℃之内而努力。而根据联合国政府间气候变化专门委员会（IPCC）测算，若实现《巴黎协定》控温目标，全球必须在 2050 年达到二氧化碳净零排放。

"碳达峰""碳中和"是中国对世界的承诺，也是 2021 年及我国"十四五"规划的工作重点。习近平总书记的八次重要讲话表明了党中央应对全球气候变暖的决心。2020 年 9 月 22 日，习近平主席在第七十五届联合国大会一般性辩论上的讲话中表示："这场疫情启示我们，人类需要一场自我革命，加快形成绿色发展方式和生活方式，建设生态文明和美丽地球。应对气候变化《巴黎协定》代表了全球绿色低碳转型的大方向，是保护地球家园需要采取的最低限度行动，各国必须迈出决定性步伐。中国将提高国家自主贡献力度，采取更加有力的政策和措施，二氧化碳排放力争于 2030 年前达到峰值，努力争取 2060 年前实现碳中和。"2021 年 3 月 15 日，习近平总书记在主持召开中央财经委员会第九次会议时发表重要讲话指出："实现碳达峰、碳中和是一场广泛而深刻的经济社会系统性变革，要把碳达峰、碳中和纳入生态文明建设整体布局。"

2020 年中央经济工作会议指出，"碳达峰""碳中和"虽然是中长期目标，却也是当前的工作重点，将"做好碳达峰、碳中和工作"作为 2021 年要抓好的重点任务，提出"要抓紧制定 2030 年前碳排放达峰行动方案，支持有条件的地方率先达峰"。国家"十四五"规划也明确指出，要加快推动绿色低碳发展，发展现代产业体系，支持绿色技术创新，推进清洁生产，发展环保产业，推进重点行业和重要领域绿色化改造。推动能源清洁低碳安全高效利用。发展绿色建筑。开展绿色生活创建活动。降低碳排放强度，支持有条件的地方率先达到碳排放峰值，制定 2030 年前碳排放达峰行动方案。长江经济带作为国家生态文明建设的先行示范带，肩负着率先实现"碳达峰""碳中和"的重大使命。

第二节　我国经济高质量发展需要区域协同发展支撑

协同发展是我国历史发展的必然和应对当今世界格局剧变的最优选择。一方面，我国经济已由高速增长阶段转向高质量发展阶段，社会主要矛盾已经转化为人民日益增长的美好生活需要和不平衡不充分的发展之间的矛盾，传统上"以邻为壑"的相互竞争关系已不能满足高质量发展的要求。另一方面，面对经济全球化逆流，保护主义、单边主义上升，世界经济低迷，全球产业链供应链受非经济因素冲击，国际经济、科技、文化、安全、政治等格局深刻调整，国际"去中国化"的挑战和考验。2021 年 11 月 5 日，国家发改委召开专题新闻发布会介绍《"十四五"长江经济带发展实施方案》，该方案指出长江经济带将坚持生态优先、绿色发展的战略定位和共抓大保护、不搞大开发的战略导向，到 2025 年，长江经济带生态环境保护成效进一步提升，经济社会发展全面绿色转型取得明显进展，支撑和引领全国高质量发展的作用显著增强。方案还提出了生态环保、绿色低碳、创新驱动、综合交通、区域协调、对外开放、长江文化 7 个方面的重大任务，这也是本研究报告关注的重要方面。

在区域协同发展战略方面，中国先后实行京津冀协同发展、长江经济带、粤港澳大湾区、长三角一体化、黄河流域生态保护和高质量发展战略。2015 年 4 月 30 日，中央政治局会议审议通过了《京津冀协同发展规划纲要》，指出通过疏解北京非首都功能，调整经济结构和空间结构，促进区域协调发展，形成新增长极。2016 年 3 月 25 日，中共中央政治局会议审议通过了《长江经济带发展规划纲要》，指出长江经济带要形成了"生态优先、流域互动、集约发展"的思路，促进各类城市协调发展。2020 年 8 月 20 日，习近平总书记主持召开扎实推进长三角一体化发展座谈会，指出实施长三角一体化发展战略要紧扣一体化和高质量两个关键词，以一体化的思路和举措打破行政壁垒、提高政策协同，让要素在更大范围畅通流动，发挥各地区比较优势，实现更合理分工，凝聚更强大的合力，促进高质量发展；2020 年 11 月 14 日，习近平总书记在全面推动长江经济带发展座谈会上强调，"要坚持全国一盘棋思想，在全国发展大局中明确自我发展定位，探索有利于推进畅通国内大循环的有效途径""坚持新发展理念""加强改革创新、战略统筹、规划引导""以长江经济带发展推动经济高质量发展"，习近平总书记在深入推动长江经济带发展座谈会上的一系列要求和部署，始终凸显着"高质量发展"这一根本要求。国家领导人讲话和系列政策文件表明，协同发展是我国过去经济高速发展的法宝，也是未来高质量发展的不二选择。

第三节　长江流域共抓大保护需要
城市生态协同发展

长江流域共抓大保护需要城市间生态协同发展，主要体现在生态产品价值实现与长江禁渔举措。一是生态产品价值实现。"绿水青山就是金山银山"理念不仅是习近平生态文明思想的核心，也是指导全球可持续发展和生态文明建设的重要方法。联合国环境规划署早在 2016 年 5 月就出版了《绿水青山就是金山银山：中国生态文明战略与行动》，其英文书名就是 *Green is Gold*（《绿色就是金子》），完整地诠释了基于"绿水青山就是金山银山"理念的生态产品价值实现这样一个理论和实践命题①。2021 年 4 月，中共中央办公厅、国务院办公厅印发了《关于建立健全生态产品价值实现机制的意见》，明确指出坚持绿水青山就是金山银山理念，坚持保护生态环境就是保护生产力、改善生态环境就是发展生产力，以体制机制改革创新为核心，推进生态产业化和产业生态化，加快完善政府主导、企业和社会各界参与、市场化运作、可持续的生态产品价值实现路径，着力构建绿水青山转化为金山银山的政策制度体系，推动形成具有中国特色的生态文明建设新模式。到 2025 年，生态产品价值实现的制度框架初步形成，比较科学的生态产品价值核算体系初步建立，生态保护补偿和生态环境损害赔偿政策制度逐步完善，生态产品价值实现的政府考核评估机制初步形成，生态产品

---

① 王金南. 实现生态产品价值是时代重任. 浙江日报，https：//theory. gmw. cn/2020 – 08/17/content_34092402. htm. 2020 – 08 – 17.

"难度量、难抵押、难交易、难变现"等问题得到有效解决，保护生态环境的利益导向机制基本形成，生态优势转化为经济优势的能力明显增强。到2035年，完善的生态产品价值实现机制全面建立，具有中国特色的生态文明建设新模式全面形成，广泛形成绿色生产生活方式，为基本实现美丽中国建设目标提供有力支撑。对于长江经济带而言，推动生态产品价值实现是践行长江流域共抓大保护和不搞大开发的重大任务。

二是长江禁渔是长江流域共抓大保护的重要举措。长江是世界上水生生物多样性最为丰富的河流之一，江水哺育着424种鱼类，水生植物多达1 000多种，是全球七大生物多样性丰富河流之一。然而，近年来人类的过度捕捞加上生态环境的恶化，长江中的动植物种群正在大规模减少，导致水下生态系统临近"崩溃"状态，甚至有的生物处于濒危灭绝状态，例如白鱀豚。据农业农村部、生态环境部相关数据显示，1954年长江流域天然捕捞量达42.7万吨，20世纪60年代捕捞量下降到26万吨，80年代为20万吨左右。近年来即使大规模增殖放流，长江每年的捕捞量也不足10万吨，约占全国淡水水产品总量的0.32%。为了修复"崩溃"的水下生态系统，2020年1月，我国农业农村部发布了《长江十年禁渔计划》，禁止在长江中进行任何捕鱼作业，希望通过10年的禁渔期来恢复长江的生态系统。长江主要经济鱼类成熟的时间是3~4年，10年禁渔，将为多数鱼类争取2~3个世代繁衍，缓解当下长江鱼少之困，也为长江江豚在内许多旗舰物种的保护带来了希望，是对长江生态系统保护具有历史意义的重要举措。

长江"十年禁渔"也是党中央为全局计、为子孙谋的重大决策，是推动长江共抓大保护和长江经济带绿色发展的重要举措。在这一形势下，长江流域沿线各省市积极响应，呈现出协同发展的良好态势。如 2020 年 7 月，江苏省提出全省 34 个国家、省级水生生物保护区将实行常年禁捕；长江干流江苏段，滁河、水阳江、秦淮河等重要支流和石臼湖等通江湖泊暂定在禁捕期内全面禁止生产性捕捞和娱乐性垂钓，并要求在 2021 年 1 月 1 日前，这些区域要全面实现清船、清网、清江、清湖；2020 年 12 月，四川省农业农村厅、省检察院、公安厅、生态环境厅、交通运输厅、水利厅、省市场监督管理局、省林草局 8 部门联合发布《关于四川省长江流域重点水域禁捕范围和时间的通告》，明确了禁捕范围和时间。从 2021 年 1 月 1 日 0 时起，"一江、两湖、七河"等长江流域重点水域实施十年禁捕。

第二章 长江经济带城市协同发展能力评价方法

为了保障协同发展能力计算结果的科学性、权威性、准确性，"长江经济带城市协同发展能力指数"需要一套具有完备理论基础、合理的评价指标体系和科学的计算方法。

理论层面，在区域创新系统理论、复合生态系统理论的基础上，又借鉴了城市生态韧性理论，为指标选取提供科学依据；在指标体系层面，构建了包括了经济发展、科技创新、交流服务、生态支撑四个维度18个指标构成的长江经济带城市协同发展能力评价指标体系；方法层面，通过指标标准化方法、空间自相关分析、指数趋势分析，保障了评价结果的科学性；实证层面，采用国家部门或地方政府官方统计数据，这些都为长江经济带城市协同发展能力指数计算提供了可靠支撑。

第一节 协同发展能力评价的理论基础

一、区域创新系统理论

区域创新系统理论起源于20世纪50～70年代的美国硅谷地

区，并取得了其他地区少有的成就，硅谷地区人口约占全美国人口的1%左右，创造的GDP占全美国的3%，专利授权数量占全美国的13%，涌现了大量类似苹果、特斯拉等颠覆行业的公司。基于可持续生态发展观，区域创新系统只有将系统内创新主体和创新资源进行有效整合，形成协同效应共同应对外部市场的不确定性，增强创新系统的核心竞争力，才能获得可持续性发展的优势。创新驱动型经济要求创新主体及时跟踪和把握全球最新的创新趋势，在开展创新过程中需要加强创新主体之间的合作，降低创新潜在风险、提高创新效率和创新竞争力。随着知识经济的到来和信息化水平的提高，创新经济呈现出网络化和系统化的特征，创新的发展也由最初的线性创新范式，经历了创新系统范式，最终演化成创新系统范式。区域创新系统理论范式的出现表明创新已经由静态、工程式、机械式的过程转变成动态、生态化和有机式的过程。区域创新系统理论包括产业、区域和国家3种类型，其中产业创新系统强调产业边界，区域创新系统理论强调地理边界，两者共同构成国家创新生态系统。

区域创新系统不仅是国家创新系统的重要组成部分，还是区域经济增长的重要动力，有利于实现技术和知识创新，推动区域经济可持续发展。创新系统强调创新活动的复杂性、动态性，创新主体之间、创新要素之间、创新主体和创新要素之间具有复杂相互作用。区域创新系统涉及创新主体、创新要素、创新政策、区域所处的经济环境等多种因素交互影响，研究区域创新系统需要综合考虑各个因素及其相互影响关系，对创新系统涉及的多个因素及其影响机制、影响途径等问题进行整体系统性分析。同时由于地方政府重视区域自身创新效率等区域发展目标，更加关注创新对本地区的直接影响，容易形成地方保护及市场分割、区域之间重复建设、产业同构等系列问题，因此研究区域创新问题时必须考虑创新空间效应，即包括创新对区域自身的强化效应和对其他区域的空间溢出效应两方面，这就需要在结构方程模型基础上考虑创新空间效应。

区域创新系统，主体包括企业（特别是创新型中小企业）、产业集聚区、公共知识研发机构、知识和技术转移转的平台、中介服务机构五大类。具体而言，如图 2－1 所示，创新型大企业和中小企业个体进行创新活动，同时通过构建产业集群，发展产业园区和产业体系，进而通过交互式学习和知识外衣带动创新的要素集聚；高校和科研机构共同构成了知识创新体系，与创新型企业开展科技要素供给与需求的对接，实现科技成果的快速转移和转化；知识和技术转移转化的平台则作为提供孵化基地、科技服务平台、信息和技术共享服务；中介服务组织既包括市场中的科技孵化机构、信息咨询机构、科技经纪机构，也包括风险投资机构。这些要素共同作用和相互影响，形成了区域创新系统网络，对于促进区域创新系统的发展和完善具有重要意义。政府则为区域创新系统提供产业政策、科技政策，对市场进行引导和调控。创新的文化环境则包括基础设施、文化制度等。

区域创新系统具有统一性和异质性。系统中创新主体在创新活动开展过程中遵循统一的技术和产品标准，具有统一性，同时与自然生态系统相类似，区域创新系统的生存和发展需要异质性，物种越多系统内创新基因就会越丰富，为创新主体创新试错提供了更多应答的可能性，创新要素在系统内通过不断的集聚、融合和交流实现创新系统的自我完善。区域创新系统具有合作性和竞争性。系统内主体关系紧密，遵循"优胜劣汰、适者生存"的法则，如果创新主体不在系统中快速提升自身的竞争力就会被淘汰。为了应对多变

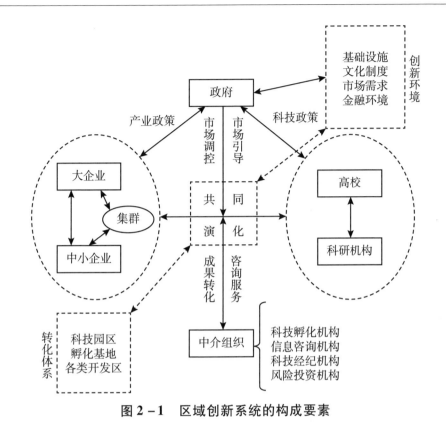

图 2 - 1　区域创新系统的构成要素

的外部环境和挑战，系统内主体会根据自身的比较优势与其他主体开展分工协作，基于彼此之间的相互信任形成深度融合、互利共赢的利益共同体。在这种竞争和合作过程中，利益共同体成员间的自身利益和共同目标都得到了保证，实现了协同式的价值创造，推动了整个创新系统的协同发展。区域创新系统具有开放性。区域创新系统能够接收到系统外前沿技术的相关信息，为了保证系统的健康可持续发展，区域创新系统会突破区域和产业的界限，整合来自系统外的知识和技术，在这个过程中会形成信息流和知识流，实现了资源和人才的有序流动，不断提升系统的创新和适应能力，促进整个系统的可持续发展。

二、复合生态系统理论

1981年，中国科学院生态学研究中心马世骏教授发表的《生态规律在环境管理中的作用——略论现代环境管理的发展趋势》是复合生态系统理论的雏形。1984年，马世骏和王如松明确提出系统的社会—经济—自然复合生态系统理论模型。模型强调人类社会、经济活动和自然环境是互为因果的制约与互补关系，在系统交互过程中政策法令、思想文化、科技教育、组织管理等因素发挥着重要的作用，从此开启了复合生态系统的相关研究。复合生态系统之间的相互关系，其间物质、能量、信息的变动规律，其效益、风险和机会之间的动态关系，是生态、社会、经济工作者以及管理、决策部门的工作人员解决当代社会问题的关键所在。随着社会的快速发展，经济效益也随之攀升，社会、经济对自然的影响也逐渐加深，三者之间的交互作用越来越显著。以人类为主体的自然生态系统、社会生态系统、经济生态系统之间的关系愈加紧密，呈现出相互间的耦合关系。

复合生态系统的概念反映出人类活动自然生态、社会经济与生态环境之间的交互作用及复杂的耦合关系，复合生态系统除了要受到自然规律的影响和调配之外，还要受到社会经济和人类活动的影响和协调社会子系统、经济子系统、自然子系统这三个子系统之间以及各个子系统内部都存在着各方面复杂的关系，包括时间关系、空间关系、数量关系、结构关系，各子系统相生相克、相辅相成，就组成了"社会—经济—自然"复合生态系统（见图2-2）。其中，社会生态子系统以人口为中心，该系统以满足城市居民各类需求为目标，为经济系统提供劳力和智力；经济生态子系统以资源为核心，由各行业和各部门组分组成，它以物质从分散向集中的高密度运转、能量从低质向高质的高强度集聚、信息从低序向高序的连续积累为特征；自然生态子系统以自然环境与生物为主线，对城市人口与经济活动的支持、容纳、缓冲及净化为特征。城市生态系统有生产、生活和还原三种功能。其中，生产功能为社会提供丰富的物质和信息产品，生活功能为居民提供生活条件和栖息环境，还原功能保证城乡自然资源的永续利用和社会、经济、环境的平衡发展。城市生态系统的功能靠其中连续的物质流、能量流、信息流、货币流及人口流来维持。它们将城市的生产与生活、资源与环境、时间与空间、结构与功能以人为中心串联起来。

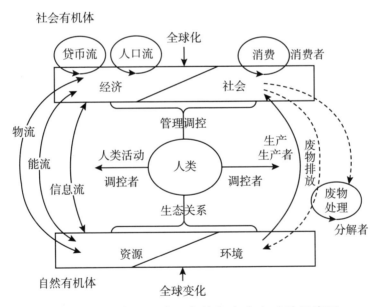

图 2－2　社会—经济—自然复合生态系统示意图

复合生态系统理论认为，城市问题的生态学实质是人与自然间系统关系的失调。一是"流"或过程的失调，即城市生态环境系统失衡的根源在于低的资源利用效率和不合理的开发利用行为，导致过多的物质能量释放或滞留在环境中，或者投入少、产出多，自然生态系统得不到足够的补偿、缓冲和休养生息。二是"网"或结构的失调，即城市是一个通过各种复杂的物理网络、经济网络和社会文化网络交织而成的时、空、量、序的复合系统，系统组分关系的不均衡耦合是城市发展中各种尖锐矛盾的系统根源之一。三是"序"或功能的失调，即城市建设与管理只注重城市社会生产和生活功能，忽略资源、环境、自然的供给、接纳、缓冲及调控功能。

三、城市生态韧性理论

美国佛罗里达大学生态学教授霍林（C. S. Holling）于 1973 年在其著作《生态系统韧性和稳定性》（*Resilience and Stability of Ecological Systems*）中提出"生态系统韧性"的理论，即"自然系统应对自然或人为原因引起的生态系统变化时的持久性"，并于 1996 年在《工程韧性与生态韧性》（*Engineering Resilience Versus Ecological Resilience*）一书中进一步辨析了"生态韧性"区别于传统"工程韧性"概念的特殊之处。2001～2007 年，美国城市和区域规划学者、生态学者、环境学者陆续开始关注城市系统应对灾害的韧性问题，韧性理论开始被多种学科运用，研究对象从生态系统韧性拓展至社会、城市生态韧性。最终城市生态韧性被定义为城市系统在遭受冲击之后，重组形成新的结构之前所能够最大限度化解冲击的能力，以及城市中的个人与子系统在多种慢性或突发性危机的冲击下，仍然可以存在、适应并可以学习成长的能力。

城市生态韧性作为一种城市治理的新思路，重点提升城市系统自身组织、功能协调、适应不确定性的能力，关注自然要素和人为因素变化所具有的协调度和可塑性，追求人与环境系统可持续的发展理念。探索城市如何在日益增长且变幻莫测的风险和挑战中正常运行并保持韧性，建设有韧性能力的城市，已经成为当前地理学、灾害学、城市规划学和生态学等学科领域亟待研究的新课题。目前，随着应用领域的不断拓展和理论方法的逐渐完善，城市生态韧性理论已成为全球环境变化和城市可持续性科学领域一种新的研究视角和分析工具，以及一种诠释人与环境相互作用机制的创新途径，其多学科融合和可持续发展目标的研究范式为韧性研究提供了更加灵活的研究视角和更多样性的应对手段。

由于不同学科或机构对城市生态韧性理论的理解不同，故对城市生态韧性理论的研究视角也有差异：灾害学研究者认为城市生态韧性是暴露于致灾因子下的系统、社区或社会及时有效地抵御、吸纳和承受灾害的影响，并从中恢复的能力；社会学研究者将城市生态韧性视为社区成员如何感知社会环境变化，以及如何基于已有知识和学习来修正自身行为；政府间气候变化专门委员会（IPCC）将城市生态韧性理论理解为用于描述一个系统能够吸收干扰，同时维持同样基础结构、功能的能力和适应变化的能力。城市生态韧性理论内涵主要体现在城市功能多元性、城市组织灵活性、城市要素多样性、城市网络交叉性等方面。由于城市生态韧性理论的复杂性、开放性、综合性等特征，而城市生态韧性评价又涉及城市的方方面面，不仅包括经济、社会、制度等人文层面，而且还包括设施、生态等城市环境层面，各系统层间形成动态交互、复杂的城市网络（见图2-3）。从城市（承载体）的角度看，城市自身组成部分之间的联系、城市与城市之间的联系越来越紧密复杂，追求单一的静态或稳定已经无法满足城市自身发展的内外要求，这就必须要使城市生态韧性特征向非均衡性、动态性转变。因此，城市系统是由城市经济、社会、制度、生态、基础设施等人文、环境系统组成的高度复杂耦合系统，在应对各种自然和人为灾害等干扰时所展现出的城市系统当前和未来时期的适应、恢复和学习能力，其过程强调居民、社区、企业、政府及非政府机构（NGOs）等不同利益主体的共同参与和多元协作。其中城市经济韧性主要体现在经济多样性、就业水平以及风险发生时的经济系统运行能力；城市社会韧性主要反映不同社会群体对风险因素的响应能力和韧性的差异；城市制度韧性是指当地政府机构的管治能力，特别是灾难发生时和发生后政府行使组织、管理、规划和行动的能力；城市生态韧性是指生态系统在重新组织成新结构前能化解变化的程度；城市基础设施韧性是指城市基础设施对风险扰动的应对和恢复能力，如交通、供水、供电、医疗等设施和生命线的保障能力。

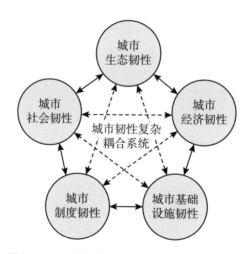

图 2-3　城市韧性复杂耦合系统的内涵

第二节　指标体系构建与指标解释

长江经济带协同发展能力指数指标体系（2021 年）由四个要

素层与 18 个具体指标组成（见表 2－1）。在要素层中，从"经济发展""科技创新""交流服务""生态支撑"四个方面综合考察其协同发展能力；在指标层中，通过综合 GDP 水平、财政科技支出额、新基建发展水平、环保固定资产投资占 GDP 比重等具体指标对各个要素层的内涵进行精准刻画。本指标体系的数据主要来自近年各相关省份统计年鉴、各相关城市统计年鉴、各相关城市国民经济和社会发展统计公报等官方发布的统计数据。

表 2－1　　长江经济带城市协同发展能力评价指标体系（2021 年）

要素层	指标层
经济发展（权重 20%）	综合 GDP 水平
	当年实际使用外资金额
	全国制造业 500 强总部数
	银行总行支行数
	社会消费品零售额
科技创新（权重 30%）	财政科技支出额
	"双一流"建设学科数量
	合作发明专利申请数量
	从事科技活动人员数量
交流服务（权重 20%）	新基建发展水平
	机场客货运量
	铁路班次数量
	互联网用户数
生态支撑（权重 30%）	双碳行动计划
	环保固定资产投资占 GDP 比重
	单位 GDP 耗电量
	气象灾害损失值
	空气质量指数（AQI）

一、经济发展指标

（一）综合 GDP 水平

为了兼顾区域经济总量和区域人均水平，本指标由城市 GDP 总量和人均 GDP 两部分组成。GDP（国内生产总值）是指一个地区（国家），包括本地居民、外地居民在内的常住单位在报告期内所产和提供最终使用的产品和服务的价值。人均 GDP 是指一个地区（国家）核算期内实现的国内生产总值与这个地区（国家）的常住人口的比值，是衡量地区（国家）经济发展和人民生活水平的一个重要标准。本指标由城市总体 GDP 和人均 GDP 两部分组成，原始数据经标准化处理后，城市 GDP 总量和人均 GDP 指标的权重各占 50%。GDP 总量和人均 GDP 数据均来源于各省市《统计年鉴》、各个城市《国民经济和社会发展统计公报》。

（二）当年实际使用外资金额

当年实际使用外资金额是指批准的合同外资金额的实际执行数，是衡量经济对外开放程度的常用指标。外商投资作为经济发展的催化剂，在促进我国城市经济总量和财政收入增加、产业结构优化升级、推动对外贸易发展、增加就业等方面起到了重要作用。当年实际使用外资金额一方面可以反映城市吸引外部投资和对外合作联系的能力，另一方面可以在一定程度上体现区域经济的增长潜力和影响力。当年实际使用外资金额数据来源于《中国城市统计年鉴》。

（三）全国制造业 500 强总部数

制造业 500 强总部数量，是反映企业自身优势与地区资源优势空间耦合效应的一大重要指标，已被国际上所广泛使用。企业基于区域间的资源优势差异，为实现企业价值链与区域资源的最优空间耦合，由此产生总部集群布局的一种经济形态。制造业 500 强总部数量，刻画了我国制造业 500 强企业总部空间布局特征以及不同制造业领域企业总部空间布局特征，可以为长江经济带区域产业结构优化升级，促进区域协调发展的分析提供基础支撑。本报告中的相关指标来自中国企业联合会、中国企业家协会等发布的中国制造业企业 500 强榜单。

（四）银行总分支行数

银行分行支行数量，即加权统计一个城市所拥有的一定级别的银行网站。银行作为现代经济运行的核心，对经济的支撑和调控愈加显著，各地都力争建设以银行为主体的金融中心。因为，银行业是地区金融活动的主要机构，也是金融资源的重要载体，正主导着中国现阶段的金融体系。因此，银行数量能够表征城市金融行业的发展水平，并间接反映城市金融控制力和经济影响力的强弱。本研究基于银监会银行名录，确定银行总部所在地，对不同级别的银行总行赋予权重；利用百度地图兴趣点（POI）数据，获取各地市拥有的银行分行和支行数，赋予与城市商业银行相同的权重，最终加和计算该指标。

（五）社会消费品零售额

社会消费品零售总额，包括的内容有企业通过交易售给个人、社会集团，非生产、非经营用的实物商品金额，以及提供餐饮服务所取得的收入金额。社会消费品零售总额是衡量全社会经济消费活跃程度的重要指标，按商品类别可分为食品类零售额、日用品类零售额、文化娱乐品类零售额、衣着类零售额、医药类零售额、燃料类零售额、农业生产资料类零售额等。社会消费品零售总额数据来源于各个城市年度统计公报、《中国城市统计年鉴》。

二、科技创新指标

（一）财政科技支出额

财政科技支出是指政府及其相关部门按照发展目标对科技创新所给予的直接资金支持，反映了城市科技投入水平和地方政府对科技创新的重视程度。财政科技支出额的数据来源于各个城市年度统计公报及《中国统计年鉴》《中国城市统计年鉴》。数据显示，2019 年，我国财政科技支出额达到 10 717.4 亿元。在创新驱动发展战略的持续推进下，较 2018 年增加了 1 199.2 亿元，其中长江经济带城市财政科技支出总额达到 2 656.0 亿元，占全国的 24.8%。上海、苏州、武汉、杭州和合肥位列长江经济带财政科技支出额前五位城市，分别达到 389 亿元、181 亿元、176 亿元、148 亿元和 130 亿元。

（二）"双一流"建设学科数量

加快高等学校"双一流"建设，是党中央、国务院在新的历史时期，实现高等教育内涵式发展、形成高水平人才培养体系、促进拔尖创新人才地方集聚、提升我国高等教育整体水平、增强国家及城市核心竞争力、奠定长远发展基础而作出的重大战略决策。本报告依据教育部公布的国家"双一流"学科建设名单，按照城市汇总统计得到"双一流"建设学科数量。数据显示，2019 年全国共有世界一流大学建设高校 42 所，世界一流学科建设高校 95 所，"双一流"学科 465 个，其中有 16 所世界一流大学建设高校、42 所世界一流学科建设高校以及 198 个"双一流"学科来自长江经济带城市，上海、南京、武汉、杭州和合肥位列长江经济带"双一流"建设学科数量的前五位城市，分别达到 57 个、40 个、29 个、19 个和 15 个。

（三）合作发明专利申请数量

城市间的创新合作是城市获取外部创新资源的重要途径。通过不同城市间创新主体的互动带来知识的学习与交流，进而推动城市科技发展。进行合作专利的申请是城市间知识交流强度的重要表征。本报告选取城市间合作发明专利指标以突出表征长江经济带城市间的协同能力（不包含合作主体位于同一城市的情况）。合作发明专利申请数量的数据来源于国家专利信息数据库。2019 年，全国合作专利数量达到 271 520 件，其中长江经济带合作发明专利数量达到 9 574 件，占比 3.5% 左右。上海、南京、杭州、合肥和苏州分别以 1 478 件、782 件、671 件、599 件和 523 件，位列长江经济带合作专利数量排名前五的城市。

（四）从事科技活动人员数量

科技活动人员是创新知识的重要载体，也是进行科技活动的重要主体。从事科技活动人员具体是指直接从事科技活动、专门从事科技活动管理以及为科技活动提供直接服务的人员，其规模与城市发展速度、城市创新能力，以及科技人力资源的数量、质量、结构、开发利用状况等密切相关。从事科技活动人员数量的数据来源于中国、各城市年度统计公报、年度统计年鉴和《中国城市统计年鉴》。数据显示，2019 年，全国从事科技活动人员数量达480.1 万人，较 2018 年增长 9.6%；长江经济带从事科技活动人员数量达 173.8 万人，在全国中占比达到 36.2%，其中从事科技活动人员数量的前五位城市分别为上海、成都、武汉、杭州和南京，分别达到 36.21 万人、19.38 万人、9.88 万人、9.64 万人和 9.61 万人。

三、交流服务指标

（一）新基建发展水平

新基建主要包括 5G 基站建设、特高压、城际高速铁路和城市轨道交通、新能源汽车充电桩、大数据中心、人工智能和工业互联网等七大领域。新基建受媒体关注程度能够在一定程度上反映其发展水平。发展水平越高，越能支撑智慧城市的建设，与其他城市的联系程度更高。本报告的新基建发展水平，通过对各地城市化行动方案的是否有效、目标设定水平进行评价，按照 1～5分评分获得。

（二）机场客货运量

机场客货运量反映了机场的规模和效率，反映了一个城市的对外交往的能力，是一个城市国际影响力的重要体现。在生产要素全球流动的频率越来越快的今天，航空运输业对于城市资源的集聚及配置能力与效率、在世界城市体系中的地位和能级、对外部的服务和辐射作用等至关重要。当前，世界上被公认的国际化大都市大多拥有两个以上的机场，航运繁忙、航空运输业发达。为了便于统一量纲，依据相关研究中旅客吞吐量和货物吞吐量之间1∶9的占用资源比，将货运吞吐量换算为旅客吞吐量并进行加权计算。

（三）铁路客货运量

铁路是最早在全球普及的远距离运输方式，在一定程度上反映了一个城市的对外联系和对外服务能力。铁路作为综合交通运输体系的主力，对于保障区域商贸流通、增进城市对外交流、促进区域协同发展具有重要作用。本研究利用本地宝网站（http：//hcp.bendibao.com/）的"车站查询"功能，获取长江经济带中各个城市的主要火车站的班次数量和列车类型。其中，旅客列车班次的主要类型包括高铁（G字头）、城际（C字头）、动车（D字头）、直快（Z字头）、特快（T字头）和快速（K字头）列车。最终结果通过各类型列车型号数加权求和计算得出。

（四）互联网用户数

在电子产品日益普及的今天，互联网一方面极大地降低了人们生活、生产活动的信息交流成本，提升了人们的沟通效率；另一方面，互联网建设对于促进城市产业结构调整，提高城市对外开放程度，增强城市综合实力具有重大意义。另外，只有拥有较高的信息化水平和较强的信息交流能力的城市，才有可能成为城市网络的重要节点，在区域协同发展中发挥重要作用。本指标数据可根据《中国城市统计年鉴》获取。

四、生态支撑指标

（一）双碳行动计划

作为世界上最大的发展中国家，中国将完成全球最高碳排放强度降幅，用全球历史上最短的时间实现从"碳达峰"到"碳中和"，力争2030年前实现"碳达峰"、2060年前实现"碳中和"。随着各地"十四五"规划和2035年远景目标建议或者征求意见稿相继公布，多地明确表示要扎实做好"碳达峰""碳中和"各项工作，制定2030年前碳排放达峰行动方案，优化产业结构和能源结构，推动煤炭清洁高效利用，大力发展新能源。本报告汇总了长江经济带各地政府文件中与"碳达峰""碳中和"的相关部分内容，按其目标设定和要求，对其进行1~5分评价。

（二）环保固定资产投资占GDP比重

环保投资是预防生态风险，改善生态环境的有效手段，国际上常以环保投入占GDP的比重来评估某一地区生态环境保护的能力。环保投资的情况直接反映了区域对环境保护的重视程度和投入力度，对推进区域整体生态环境水平起着至关重要的意义。在绿色发展理念的大背景下，我国高度重视生态环境保护。国家和各地方政府把环境保护列入各级财政年度预算并逐步增加投入。加大环保投入不仅可以规避生态风险，及时处理生态问题，保证生态安全，同时促进社会—经济—自然复合生态系统的协同演进过程，进而助于长江经济带协同发展。本指标数据可根据《中国城市统计年鉴》获取。

（三）单位 GDP 耗电量

单位 GDP 耗电量代表经济增长下的能源消耗，是国际上通用的衡量经济可持续发展能力与产业结构优化的重要指标。单位 GDP 耗电量指一个国家或地区一定时期内生产一个单位的国内/地区生产总值所消耗的电能，反映了经济发展对能源的依赖程度。单位 GDP 耗电量间接反映产业结构状况、能源消费构成、设备技术装备水平和利用效率等多方面内容。本报告把单位 GDP 耗电量作为分析评价区域经济系统协同发展的指标，来反映区域经济系统发展过程中，人类生产活动与自然资源、生态环境等的协同状态。本指标数据可根据《中国城市统计年鉴》获取。

（四）气象灾害损失值

气象灾害风险是长江流域主要面临的自然生态风险，尤其是以暴雨和洪涝灾害为主。国际上一直把气象灾害所造成的损失作为气象灾害的重要统计值，直接反映灾害对人类和生态的破坏程度。评价长江经济带城市协同能力应充分评估其发展面临的生态风险，进而进行有效的防御和治理。气象灾害损失值能够有力地说明长江经济带所面临的主要自然方面的生态风险。报告综合多年气象灾害的平均受灾人数和经济损失，通过标准化后进行加总，以此评价长江经济带城市发展中的自然生态风险。

（五）空气质量指数（AQI）

空气质量指数（air quality index，AQI），是指根据环境空气质量标准和各项污染物对人体健康、生态、环境的影响，将常规监测的几种空气污染物浓度简化成为概念性指数值，适合于表示城市的短期空气质量状况和变化趋势。该指数反映了城市对空气质量治理与改善的投入力度，间接反映一个城市的环保意识与行动力，也是反映其经济发展质量、创新驱动转型成效的重要指标。目前，长江经济带各大城市废气排放量大幅上升，尤其是中下游地区雾霾天气频发。大气污染与水污染的性状类似，其流动性会加剧整个区域的污染扩散，需要以区域、城市群为重点，推进大气污染联防联控和综合治理，改善城市空气质量。

第三节　计算与分析方法

一、指数计算方法

本研究按指标赋权、目标值设定、数据标准化和指数计算四个步骤对长江经济带110个城市的协同发展能力进行评价。第一步，采取逐级分配的方式对各个指标进行赋权。首先，将长江经济带协同发展指数的总体权重设为100%；其次，按目标层下属的四个要素层，按经济发展（权重20%）、科技创新（权重30%）、交流服务（权重20%）、生态支撑（权重30%）的比例分配；最后，对各要素层下的每个具体指标进行等比分配。

第二步，对标国内外先进水平，结合自身实际，设置各个指标的目标值，并以此作为长江经济带上城市指标得分的参照标准。本研究设定目标值主要是分析长江经济带各城市与国内外先进城市之间的差距，更具有客观性。其计算结果不仅展示长江经济带上各个城市之间排名变化，更展示出长江经济带各城市在国际上的变化。

某一指标的目标值设定主要参考世界上该指标表现最好的城市，并考虑该城市与长江经济带上城市的相似性。

第三步，确定指标性质，采用最大值标准化法对指标数据进行处理，计算各个指标得分。首先区分该指标是属于正向指标还是逆向指标，对于属于正向指标的数据，将目标值的水平设定为100分，指标数据与目标值的比值为初始得分；对于属于负向指标的数据，先把数据进行反向化处理，再将目标值的水平设定为100分，指标数据与目标值的比值为初始得分。计算中若出现负值统一进行归零处理。某个城市在某个指标上得分越高，则可以表征该城市当年在该领域表现越好；反之则越差。

第四步，根据各指标权重，加和得出长江经济带110个城市每个要素层以及整体指标得分。城市的某一要素层得分越高，则表示该城市在该方面表现越好；整体得分越高，则表明该城市在长江经济带协同发展中水平越高。

二、空间自相关分析

本报告通过空间自相关方法分析长江经济带城市协同发展能力的空间关系，包括对长江经济带城市协同发展能力的空间集聚效应以及空间异质性分析。首先根据2021年长江经济带城市协同发展能力指数计算出全域莫兰指数以表征长江经济带城市协同发展能力的空间集聚效应，其取值范围为 [-1，1]，若其数值大于0，则说明城市协同发展能力存在空间正相关，即相邻区域之间城市协同发展能力具有相似属性，数值越大说明空间集聚效应越强；若其数值小于0，则说明城市协同发展能力存在负相关，数值越小则说明各空间单元的离散性越大；若其数值为0，则说明城市协同发展能力服从随机分布，地区间不存在相关关系。全域莫兰指数（Global Moran's I）计算公式如下：

$$I = \frac{n \sum\limits_{i=1}^{n} \sum\limits_{j=1}^{n} W_{ij}(y_i - \bar{y})(y_j - \bar{y})}{\sum\limits_{i=1}^{n} \sum\limits_{j=1}^{n} W_{ij} \sum\limits_{i=1}^{n} (y_j - \bar{y})}$$

式中：n 为长江经济带城市数；y_i，y_j 分别为城市 i 和城市 j 的城市协同发展能力指数；$\bar{y}$ 为全部城市的协同发展指数的平均值；W_{ij} 为空间权重矩阵，根据各城市距离平方的倒数计算得到。

另外，局部莫兰指数（Local Moran's I）可以反映每个城市与相邻城市之间的空间关联程度，以弥补全域莫兰指数不能表现城市间空间依赖性的不足。借助局部莫兰指数进行长江经济带城市协同发展能力的空间异质性分析，以莫兰散点图将城市协同发展指数分为 4 个象限的集群模式，用以清晰识别一个城市与邻近城市的空间关系，其中，第 I 象限为高—高组合，表示城市协同发展能力高的地区被同是高能力的地区包围；第 II 象限为低—高组合，表示城市协同发展能力低的地区被高能力地区包围；第 III 象限为低—低组合，表示城市协同发展能力低的地区被同是低能力的地区包围；第 IV 象限为高—低组合，表示城市协同发展能力高的地区被低能力的地区包围，其中，第 I、第 III 象限，即高—高（低—低）组合表示相邻城市存在空间正相关，第 II、第 IV 象限，即高—低（低—高）组合表示相邻城市存在空间负相关。

第四节　目标值设定

依据国内外先进地区发展水平、未来发展趋势，对每个指标设定了目标值（见表 2 - 2），并以此作为 110 个城市指标得分的基准。

表 2 - 2　　　　　　　　指标目标值设定（2021 年）

要素层	指标层	指标性质	计量单位	目标值	设定依据
经济发展	综合 GDP 水平	正向	加权得分	153.71	国际先进水平（参照美国纽约等）
	当年实际使用外资金额	正向	亿美元	210	国内领先水平（参照上海等）
	全国制造业 500 强总部数	正向	个	30	国际先进水平（参照日本东京等）
	银行总行支行数	正向	个	5 000	国内领先水平（参照北京等）
	社会消费品零售额	正向	亿元	15 847	国内领先水平（参照上海等）
科技创新	财政科技支出额	正向	亿元	430	国内领先水平（参照北京等）
	"双一流"建设学科数量	正向	个	63	国内领先水平（参照上海等）
	合作发明专利申请数量	正向	个	1 138	国际先进水平（参照日本东京等）
	从事科技活动人员数量	正向	万人	30	国际先进水平（参照韩国首尔等）
交流服务	新基建发展水平	正向	分	5	国家规划目标（新兴指标）
	机场客货运量	正向	加权得分	7 359	国际先进水平（参照美国洛杉矶等）
	铁路班次数量	正向	次	988	国家规划目标
	互联网用户数	正向	万人	1 401	国际先进水平（参照美国旧金山人口比例等）

要素层	指标层	指标性质	计量单位	目标值	设定依据
生态支撑	双碳行动计划	正向	分	5	国家规划目标（新兴指标）
	环保固定资产投资占GDP比重	正向	%	6	国际先进水平（参照法国巴黎等）
	单位GDP耗电量	负向	千瓦时/万元	81.625	国际先进水平（参照日本东京等）
	气象灾害损失值	负向	加权得分	0	国家规划目标
	空气质量指数（AQI）	负向	分	10	国际先进水平（参照加拿大温哥华等）

一、经济发展目标值

（一）综合 GDP 水平

目标值：153.71

为更客观地衡量区域经济发展水平，本研究考虑总量和人均两方面，采用综合GDP水平这一指标。从总量上看，2019年长江经济带GDP为440 422亿元，占全国GDP的44.6%。全球协同发展较高的有纽约、巴黎、伦敦、东京等城市，其中，伦敦、巴黎和东京为各自国家的首都，行政能力影响较强。纽约与上海是各自国家的经济中心，相似程度最高。2019年，纽约的GDP总量为10 300亿美元，是长江经济带最高的上海的5 532亿美元的近2倍，因此以此水平作为GDP总量的目标值。在人均GDP方面，国际上通行的一般以人均2万美元作为达到发达经济体的标准，因此以此作为长江经济带人均GDP的目标值。把两者经标准化后，综合GDP水平的目标值为153.71。

（二）当年实际使用外资金额

目标值：210亿美元

伴随着外资流入的先进技术和管理方式对区域发展意义深远。长江经济带发展作为中国区域发展的重大战略之一，利用外资可推动长江经济带的高质量发展，从而支撑国家发展。只有实际利用外资才能真正体现区域外资利用水平。2019年实际使用外资金额超过100亿美元的城市有上海、武汉、成都、重庆四个城市，较2018年增加了武汉，其中上海市全年外商直接投资实际到位金额190.48亿美元，较2018年增长10.1%，超过50亿美元的城市有6个，超过10亿美元的城市有37个，而110个城市的使用外资金额总计超过1 500亿美元。因此以上海等国内领先城市的未来发展水平为参照，目标值设定为210亿美元。

（三）全国制造业500强总部数

目标值：30家

制造业500强总部数量反映了地区在制造业上的控制能力，隐藏着地区产业未来发展的潜力。2020年，制造业500强企业总部位于长江经济带的数量为215个，总部数量最多的城市是无锡，有26家；其次是杭州，有25家；上海排第三，有20家。在世界范围上，2020年，东京拥有世界500强企业总部38家，纽约15家，而上海有9家世界500强企业总部，与东京、纽约等世界领先城市水平的差距很大。对标国际先进水平，并结合长江经济带领先城市的实际水平为参照，全国制造业500强总部数目标值设定为 30 家。

(四) 银行总分支行数

目标值：5 000 家

银行是金融服务的主要提供者，在区域经济发展中起到强有力的支撑作用，其数量能够反映出区域经济发展的活力。2020 年，长江经济带银行总支行数量超过 2 000 家的城市有上海、重庆和成都，其中重庆超过 3 000 家，长江经济带所有城市的银行总支行数量约为 6 万家。目前国内银行总支行数量最多的城市是北京，长江经济带的重庆、上海、成都紧随其后。以国内领先的北京等城市发展水平为参照，目标值设定为 5 000 家。

(五) 社会消费品零售额

目标值：15 847 亿元

社会消费品零售总额是刻画区域经济发展活力的重要指标，反映出了区域经济消费能力。2019 年，长江经济带所有城市的社会消费品零售额约为 19 万亿元，其中上海和重庆两座城市社会消费品零售额超过 1 万亿元，一半以上城市社会消费品零售额超过 1 000 亿元。2021 年，长江经济带所有城市社会消费品零售额总数增长到 25 万亿元，超过 1 000 亿元的城市增加到 65 个。2019 年上海市社会消费品零售总额 15 847.55 亿元，比 2018 年增长 17.4%。2019 年，北京的社会消费品零售额 15 063.65 亿元，略低于上海。以国内领先的北京、上海等城市的发展水平为参照，目标值设定为 15 847 亿元。

二、科技创新目标值

（一）财政科技支出额

目标值：430 亿元

2019 年，长江经济带财政科技支出额前五位城市分别为上海、苏州、武汉、杭州和合肥，分别达到 389 亿元、181 亿元、176 亿元、148 亿元和 130 亿元。以排名第一的上海来看，其科技支出额较上年减少 37 亿元，占财政总支出的比重约为 4.8%，低于同年全国 5.26% 的平均水平。2019 年，全国财政科技支出突破万亿元，较上年增加 1 199.2 亿元，增长 12.6%，其中，北京财政科技支出额达到 433 亿元。上海作为长江经济带的龙头城市，应持续加大财政科技投入力度，在现有基础上提高财政科技支出额的比例。以北京等领先城市未来发展水平为依据，长江经济带城市的财政科技支出额的目标值设定为 430 亿元。

（二）"双一流"建设学科数量

目标值：63 个

2019 年，长江经济带"双一流"建设学科数量前五位城市分别为上海、南京、武汉、杭州和合肥，分别达到 57 个、40 个、29 个、19 个和 15 个。根据 2021 年版的"QS 世界大学排名"，我国有七所高校进入前 100 强，其中四所（复旦大学、上海交通大学、浙江大学、中国科学技术大学）位于长江经济带。进一步根据 2020 年"QS 世界大学学科排名"，我国共有 100 个学科进入全球 50 强，其中 39 个学科来自长江经济带高校。我国高校在全球总体上表现亮眼，但与美国、英国等传统高等教育大国依旧存在差距，世界排名 50 强学科数量与之差距悬殊。目前，"双一流"学科建设第 5 轮评估已告一段落，未来各个城市高水平学科数量应有稳步提升。第 5 轮评估下长江经济带"双一流"建设学科数量应争取 10% 左右的提升，以长江经济带领先的上海发展水平为参照，"双一流"学科数量目标值设定保持为 63 个。

（三）合作发明专利申请数量

目标值：1 138 个

2019 年，长江经济带合作发明专利申请数量的前五位城市分别为上海、南京、杭州、宁波和合肥，除了上海超过 1 000 次以外，后四个城市分别达到 782 次、671 次、599 次和 523 次。同年，我国 PCT 国际专利申请量首次超越美国，跃居全球第一，从可比口径看，2019 年我国国际专利申请量已达到 5.899 万件，而美国的国际专利申请量为 5.784 万件，我国知识产权事业成绩斐然。作为该领域的领先者，深圳当年 PCT 国际专利申请量达到 17 459 件，约占全国申请总量的 30.74%，连续 16 年居全国大中城市首位。对比重点国际创新城市，深圳的 PCT 国际专利申请公开量大幅领先纽约，仅次于日本东京。随着知识产权强国战略的实施，长江经济带城市合作发明专利申请数量应保持上年增速。以东京、深圳等领先城市发展水平为依据，将长江经济带合作发明专利申请数量目标值设定为 1 138 个。

（四）从事科技活动人员数量

目标值：30 万人

2019 年，长江经济带从事科技活动人员数量的前五位城市分别为上海、成都、武汉、杭州和南京，除了上海超过 30 万人以外，后四个城市分别达到 19.38 万人、9.88 万人、9.64 万人和 9.61 人，南京超过重庆，位居第五位。我国虽然科研人员规模强大，但总体上科研人员占劳动力比重远低于其他国家。根据 OECD 发布的科学技术指标（science and technology indicators），截至 2018 年，我国每千名劳动力拥有研发人员数量为 2.32 人/千名，远低于韩国（14.73 人/千名）、丹麦（14.38 人/万名）、瑞典（13.81 人/千名）、芬兰（13.74 人/千名）、挪威（12.24 人/千名）等国家。在创新驱动国家战略背景下，长江经济带城市在从事科技活动人员数量上还要有大幅提升，参照韩国首尔等国际领先城市发展水平，近期目标值可设定为 30 万人。

三、交流服务目标值

（一）新基建发展水平

目标值：5 分

2020 年 5 月 22 日，国务院总理李克强代表国务院向十三届全国人大三次会议做政府工作报告。政府工作报告指出，加强新型基础设施建设，发展新一代信息网络，拓展 5G 应用，建设充电桩，推广新能源汽车，激发新消费需求、助力产业升级。2019 年，长江经济带新基建发展水平排名前五的城市有武汉、常州、上海、南京、无锡、泰州、长沙、成都、贵阳和昆明。可以看出，上中下游核心城市都十分关注新基建的发展。本指标为政策评分型指标，目标值设为最高分 5 分。

（二）机场客货运量

目标值：7 359

2019 年，长江经济带机场客、货运量经加权计算后，前十位城市为上海、成都、杭州、昆明、南京、武汉、重庆、无锡、南昌和宁波。国际机场理事会（Airports Council International，ACI）发布 *World Airport Traffic Report*，列出了 2019 年全球客运和货运最繁忙的 20 大机场名单。在客运方面，洛杉矶国际机场、伦敦希思罗机场和东京羽田机场机场等八个机场排在浦东国际机场前。在货运方面，仅中国香港国际机场和孟菲斯国际机场排在浦东国际机场之前。以此水平为参照，按客货运占用资源比 9∶1 折算后，客货运总量为 7 359。

（三）铁路班次数量

目标值：988 次

2019 年，长江经济带铁路班次数量前五位城市为武汉、上海、南京、长沙和杭州，分别达到 988 次、914 次、871 次、746 次和 667 次。为适应人民出行需求，我国铁路班次会在不同季节进行时间上和次数上的微小调整，但整体铁路班次整体变化不大。在后疫情时代，铁路交通班次数量可能基本保持稳定。因此，近期目标值仍然以 2019 年长江经济带城市最高班次为参考依据，设定为 988 次。

（四）互联网用户数

目标值：1 401 万人

2019 年，长江经济带互联网人数前五位城市为重庆、上海、成

都、苏州和南京，分别达到 1 372 万人、890 万人、782 万人、667
万人和 537 万人。近十年，中国互联网用户数年增长率达 8.9%。
目前全球互联网公司市值 TOP20（前二十）中，美国占 14 位，中
国占 5 席。14 个美国公司主要分布在加利福尼亚州和华盛顿州，而
5 个中国企业分布在北京、杭州和深圳。大体推出，我国互联网发
展水平仍有较大上升空间，随着新基建的推进，互联网用户将进一
步增长。参照加利福尼亚州旧金山等领先地区的互联网用户占总人
口的比例，结合长江经济带领先城市的发展趋势，近期目标值设定
为 1 401 万人。

四、生态创新目标值

（一）双碳行动计划

目标值：5 分

2021 年 6 月，生态环境部在召开部党组会议中强调了关于
"碳达峰""碳中和"目标下大气污染防治的重要性，在"双碳"
目标下，各个省份也十分重视并积极制定行动方案。例如，上海
2021 年重点任务是启动第八轮环保三年行动计划。制定实施碳排
放达峰行动方案，加快全国碳排放权交易市场建设。浙江要求非化
石能源占一次能源比重提高到 20.8%，煤电装机占比下降 2 个百分
点；加快淘汰落后和过剩产能，腾出用能空间 180 万吨标煤。安徽
要求推广应用节能新技术、新设备，完成电能替代 60 亿千瓦时。
推进绿色储能基地建设。建设天然气主干管道 160 公里，天然气消
费量扩大到 65 亿立方米。扩大光伏、风能、生物质能等可再生能
源应用，新增可再生能源发电装机 100 万千瓦以上。提升生态系统

碳汇能力，完成造林 140 万亩（约 9.33 万公顷）。本研究根据各地政策目标和相关计划为依据进行评分。本指标为政策评分型指标，目标值设为最高分 5 分。

（二）环保固定资产投资占 GDP 比重

目标值：6%

2019 年，长江经济带环保固定资产投资占 GDP 比重排名前五的城市为赣州、内江、抚州、九江和景德镇，总体上在 1.5% ~ 2%。许多发达国家在 20 世纪 70 年代，环境保护投资占 GDP 的比例就基本达到 2% 以上。《全国城市生态保护与建设规划》（2015 ~ 2020 年）提出，到 2020 年，我国环保投资占 GDP 的比例目标不低于 3.5%。根据巴黎、芝加哥、多伦多等发达国家城市的水平，一般可达到 4% ~ 6%。因此把长江经济带环保投资的远期目标值设为 6%。

（三）单位 GDP 耗电量

目标值：81.625 千瓦时/万元

该指标为反向指标。2019 年，长江经济带单位 GDP 耗电量最低的五位城市分别为自贡、南充、长沙、襄阳和常德，分别达到 298.95 千瓦时/万元、340.18 千瓦时/万元、342.08 千瓦时/万元、342.32 千瓦时/万元和 344.31 千瓦时/万元。2017 年和 2018 年连续两年政府工作报告指出，未来一年单位 GDP 能耗下降 3% 以上。2018 年国家统计局能源司发布报告指出，2017 年单位 GDP 能耗比 1978 年累计降低 77.2%，年均下降 3.7%。单位 GDP 耗电量与单位 GDP 能耗有较高的相关性。2019 年长江经济带平均水平为 633 千瓦时/万元，我国与世界水平相差较大，约为发达国家（日本的 8 倍。参考东京、大阪等城市的发展水平，最低目标值可设定为 81.625 千瓦时/万元。

（四）气象灾害损失值

目标值：0

该指标为反向指标。经加总计算后，2019 年，长江经济带气象灾害经济损失程度最轻的前五位城市为镇江、常州、扬州、无锡和泰州，分别达到 5.56、7.91、9.43、10.29 和 10.34。自改革开放以来，气象灾害直接经济损失每年都在上升，而受灾人数在呈逐渐减少趋势。因此，将气象灾害损失值的目标值设为最低值，即为零。

（五）空气质量指数（AQI）

目标值：10

该指标为反向指标。2019 年，长江经济带空气质量指数最好的五位城市为丽江、安顺、铜仁、六盘水和遵义，分别为 44、45、45、46 和 46。按国内标准，AQI 低于 50 为一级（优级），低于 150 为三级（中度污染）。然而，中国目前处于工业快速发展时期，现有的空气质量指数计算标准是宽松的过渡期标准，与发达国家的标准有一定的差距，中国 AQI 为 0~25 的空气质量按北美国家的标准才被归为优等级。对标加拿大温哥华、澳大利亚布里斯班、新西兰惠灵顿、冰岛雷克雅未克等国际较高水平，这里将空气质量指数的目标值设为 10。

第三章　长江经济带城市协同
发展能力评价结果

本章使用最近 3 年的平均数据，采用层次分析法、熵权法等计算指标体系和计算方法测算长江经济带城市协同发展能力指数，进而对长江经济带城市的整体协同发展能力以及经济发展、科技创新、交流服务、生态支撑四个分领域的协同发展能力进行综合评价，最后采用空间计量分析方法对 2021 年度各城市空间分布特征以及内在驱动因子等方面进行深入分析和评价。

第一节　协同发展能力东高
西低呈橄榄型分布

通过对长江经济带城市协同发展能力指数的综合计算，得到 2021 年长江经济带城市协同发展能力排行榜（见表 3 – 1）及其分布图（见图 3 – 1）。从榜单可以看出，上海、杭州、南京、成都、武汉、重庆、苏州、宁波、合肥、无锡 10 个城市居排行榜的前 10 名。上海作为龙头城市，在长江经济带各城市中独领风骚。杭州的排名则位于南京、成都之上，坐拥第二的位置，其发展的核心优势在于数字经济。根据《2020 年杭州市国民经济和社会发展统计公报》，2020 年杭州数字经济核心产业增加值 4 290 亿元，增长 13.3%，高于 GDP 增速 9.4 个百分点，占 GDP 的 26.6%。此外，排名前 10 的城市中除杭州、南京、成都、武汉、合肥等省会城市外，非省会城市江苏苏州、浙江宁波、江苏无锡也位居其中。依托于雄厚的工业基础和多达 14 家的国家级开发区，苏州的经济发展水平处于全国前列，2020 年其规上工业总产值、规上工业增加值均稳居全国城市前 3 位。在原有的工业基础上，苏州提出全方位服务对接上海，推进产业数字化，打造"具有世界影响力的国际数字之都"，让数字为苏州高质量发展全面赋能。而宁波城市发展的核心在于"以港兴市，以市促港"。宁波拥有全球第三大集装箱港宁波港，依托宁波港，石化、汽车制造、港铁及船舶制造等均为宁波的支柱产业。在数字经济发展方面，宁波全面推进数字基础设施建设和数字产业发展，打造"1 + N + X"的工业互联网平台体系，宁波也成功入围赛迪顾问发布的 2021 数字经济城市发展百强榜中的数字经济新一线城市。在城市建设和发展的过程中，推进"以数据为核心建设智慧名城"是无锡着重关注的重大举措。根据《无锡市新型智慧城市顶层设计方案》，无锡将推动"5G + 工业互联网""AI + 公共安全""大数据 + 城市治理""物联网 + 智慧交通"等具有无锡特色的应用场景建设，使产业发展更具活力、城市治理更精细、民生服务更贴心。2020 年，无锡入选了"2020 年智慧城市十大样板工程"，在国内智慧城市建设的过程中处于领军地位。

排行榜的最后 10 个城市分别为益阳、临沧、随州、娄底、铜陵、雅安、昭通、眉山、池州、萍乡。从总的格局来看，长江经济带城市协同发展能力依然呈现东高西低的态势以及省会城市和沿江沿海城市较高的核心边缘格局。

表 3 - 1   长江经济带城市协同发展能力排行榜（2021 年）

排名	城市	总分	排名	城市	总分	排名	城市	总分
1	上海	68.23	38	曲靖	11.07	75	宜春	8.61
2	杭州	40.22	39	遵义	11.07	76	自贡	8.58
3	南京	39.14	40	宜昌	10.96	77	十堰	8.54
4	成都	39.03	41	连云港	10.85	78	淮南	8.49
5	武汉	37.69	42	马鞍山	10.68	79	宜宾	8.44
6	重庆	33.01	43	上饶	10.64	80	遂宁	8.35
7	苏州	29.45	44	常德	10.28	81	吉安	8.33
8	宁波	27.71	45	安顺	10.28	82	安庆	8.21
9	合肥	26.21	46	滁州	10.25	83	黄冈	8.17
10	无锡	25.67	47	衢州	10.25	84	乐山	8.17
11	长沙	25.09	48	保山	10.18	85	毕节	8.12
12	昆明	20.45	49	宿迁	10.11	86	永州	8.08
13	贵阳	17.10	50	蚌埠	10.03	87	荆门	7.54
14	常州	16.81	51	丽江	10.02	88	六安	7.42
15	南昌	15.62	52	玉溪	9.97	89	荆州	7.38
16	镇江	15.37	53	广元	8.82	90	淮北	7.35
17	嘉兴	14.78	54	衡阳	9.80	91	张家界	7.26
18	温州	14.69	55	达州	9.79	92	怀化	7.18
19	绍兴	14.53	56	郴州	9.79	93	邵阳	7.18
20	南通	14.41	57	抚州	9.73	94	咸宁	7.18
21	赣州	14.31	58	泸州	9.73	95	攀枝花	7.18
22	徐州	14.14	59	德阳	9.68	96	孝感	7.15
23	金华	14.00	60	南充	9.57	97	新余	7.12
24	台州	13.80	61	淮安	9.46	98	巴中	7.06
25	芜湖	13.08	62	黄山	9.46	99	广安	7.02
26	九江	12.97	63	宿州	9.46	100	资阳	7.00
27	舟山	12.72	64	六盘水	9.44	101	益阳	6.99
28	扬州	12.56	65	岳阳	9.42	102	临沧	6.93
29	湖州	12.41	66	宣城	9.36	103	随州	6.92
30	丽水	12.37	67	黄石	9.34	104	娄底	6.77
31	株洲	12.19	68	铜仁	9.32	105	铜陵	6.71
32	盐城	11.69	69	普洱	9.30	106	雅安	6.66
33	内江	11.60	70	湘潭	9.27	107	昭通	6.61
34	泰州	11.49	71	鄂州	8.97	108	眉山	6.50
35	绵阳	11.43	72	亳州	8.89	109	池州	6.30
36	襄阳	11.42	73	景德镇	8.84	110	萍乡	6.29
37	鹰潭	11.20	74	阜阳	8.64			

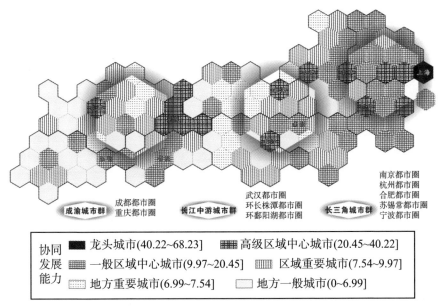

成都都市圈　　　武汉都市圈　　　　南京都市圈
　　　　　　　　环长株潭都市圈　　杭州都市圈
成渝城市群　重庆都市圈　**长江中游城市群**　环鄱阳湖都市圈　**长三角城市群**　合肥都市圈
　　　　　　　　　　　　　　　　　　　　　　　　苏锡常都市圈
　　　　　　　　　　　　　　　　　　　　　　　　宁波都市圈

协同发展能力	■ 龙头城市(40.22~68.23)	▦ 高级区域中心城市(20.45~40.22)
	▦ 一般区域中心城市(9.97~20.45)	▨ 区域重要城市(7.54~9.97)
	▫ 地方重要城市(6.99~7.54)	□ 地方一般城市(0~6.99)

图 3 – 1　长江经济带城市协同发展能力分布（2021 年）

长江经济带各城市的协同发展能力与其位序近似服从 Zipf 的规模位序分布规律，剔除极大值之后，其得分的对数与其排序的拟合优度达到了 80.03%（见图 3 – 2）。2021 年度规模—位序拟合线反映长江经济带城市的协同发展水平呈现出较为差异化的特点。由此可见，如何推进长江经济带城市在生态、创新、经济等领域的交流与合作，促进区域整体交流能力的提升，由此提升长江经济带城市的整体协同发展能力，仍然是今后相当一段时间内有待提升和解决的重要问题。

总体而言，长江经济带内部各城市间的协同发展能力差距比较显著。在长江经济带城市协同发展能力指数得分中，其自然断裂点分别为 7、8、10、25 和 41。据此，可以将长江经济带 110 个城市分为以下六个等级。

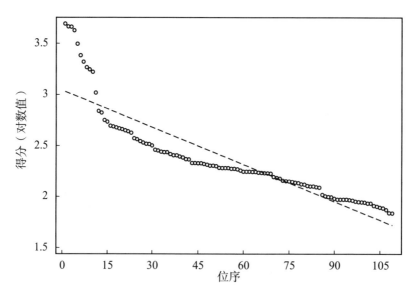

图 3 - 2　长江经济带城市协同发展能力的得分—位序分布（2021 年）

第一类城市：龙头城市（得分 68.23 分）。

这类城市仅含上海一座城市。上海的协同发展能力在长江经济带 110 个城市中排名首位，得分遥遥领先于排在第 2 位的杭州，是长江经济带协同发展的龙头城市。上海在经济发展、科技创新领域的协同发展能力得分一枝独秀，分别领先第二名 32.24 分和 48.69 分，在交流服务领域上海同样位居榜首，其生态支撑协同发展能力位列第 28 位。上海着力打造国际经济、金融、贸易、航运中心以及具有全球影响力的科技创新中心，其经济实力雄厚，科创资源集中，加之处于长江"龙头"的位置，其制度创新经验和先发优势能够有效辐射整个经济带，对长江经济带全流域发展具有重大影响。环保方面，近年来上海市持续加大环保工作力度，通过发展环境友好型新兴产业，着力推动以"垃圾分类"等为代表的绿色生活方式，打造崇明国际生态岛，加快绿色发展方式转变，取得了较为显著的绿色发展成效，提升了城市的整体环境治理水平。

第二类城市：高级区域中心城市（得分 25～41 分）。

包括排名第 2～11 位的杭州、南京、成都、武汉、重庆、苏州、宁波、合肥、无锡、长沙，计 10 座城市。这 10 座城市分别位居长江上游、中游、下游，是对长江经济带三大城市群（成渝城市群、长江中游城市群和长三角城市群）具有辐射带动作用的区域性中心城市。整体而言，它们在经济发展、科技创新、交流服务等领域均位列第一梯队，然而在生态支撑领域则差异明显，总体水平不高，它们的生态领域平均得分为 12.50，相当于生态领域排名的第 33 位。杭州在科技创新处于领先地位，它在财政科技支出额、合作专利数量、"双一流"建设学科数量以及从事科技活动人员数量等科技创新子指标上均处于明显优势地位，南京作为重要的铁路枢纽和科创中心，在铁路客运量、合作专利数量、"双一流"建设学科数量等方面存在优势，杭州和南京不仅是长三角城市群重要的科创中心，同时也是长江经济带重要的科创中心；武汉在铁路客运数量以及财政科技支出额、"双一流"建设学科数量方面处于领先地位，是长江经济带中游地区重要的铁路节点和科创中心；成都在从事科技活动人员数量以及银行总分支行数处于领先地位，是长江上游地区的科创中心；此外，成都的航空运输量在长江上游地区位居魁首，是辐射西部、联通东南亚地区的重要航空节点。作为成渝城市群重要的经济中心城市，成都和重庆在利用外资规模方面处于领先地位；苏州在 GDP、财政科技支出上处于较为领先的地位，是长三角地区重要的科创中心和经济中心；杭州和无锡作为全国制造业 500 强企业总部聚集地，是长三角地区重要的制造业服务中心；宁波坐拥港口优势，整体发展较为均衡；合肥是国家三大综合性科学中心之一，也是全国首个科技创新型试点城市，同时合肥在新基建发展水平领域也处于领先地位。作为湖南省会，长沙在使用外资、铁路班次、单位耗电量等方面具有一定优势，但是相对而言没有特别突出的方面，位居整体排行的第 11 位。

第三类城市：一般区域中心城市（得分 10～25 分）。

包括排名第 12～51 位的昆明、贵阳、常州、南昌、镇江、嘉兴、温州、绍兴、南通、赣州、徐州、金华、台州、芜湖、九江、舟山、扬州、湖州、丽水、株洲、盐城、内江、泰州、绵阳、襄阳、鹰潭、曲靖、遵义、宜昌、连云港、马鞍山、上饶、常德、安顺、滁州、衢州、保山、宿迁、蚌埠、丽江，计 40 座城市。这类城市在综合能力保持较高水准的前提下，往往在个别分专题领域表现突出，例如昆明作为我国西南地区的中心城市之一，门户枢纽作用明显，是我国面向东南亚的"大门"，昆明以建设区域性国际中心城市为统领，着力打造区域性国际综合交通枢纽，加快建设区域性国际经济贸易中心、区域性国际科技创新中心、区域性国际金融服务中心以及区域性国际人文交流中心"四大中心"，推动城市高质量发展；贵阳作为全国首个国家大数据综合试验区核心区，是中国最重要的数据中心基地，而数字经济产业也成为这座城市实现经济转型升级、跨越式发展的重要支撑。

第四类城市：区域重要城市（得分 8～10 分）。

包括排名第 52～86 位的玉溪、广元、衡阳、达州、郴州、抚州、泸州、德阳、南充、淮安、黄山、宿州、六盘水、岳阳、宣城、黄石、铜仁、普洱、湘潭、鄂州、亳州、景德镇、阜阳、宜春、自贡、十堰、淮南、宜宾、遂宁、吉安、安庆、黄冈、乐山、毕节、永州，共计 35 座城市。这类城市的总体协同能力一般，辐射带动能力一般。不过，这些城市大多是地方性经济中心，在当地对邻近区域具有一定的辐射带动能力；部分城市依赖于当地资源禀赋，形成专业化的城市职能（如旅游城市景德镇、黄山，矿业城市六盘水），在个别领域有较强的对外服务功能，其未来的协同发展能力提升空间较大。然而对于专业化的城市尤其是资源型城市而言，它们的创新得分普遍较低，这表明这类城市尤其需要警惕陷入路径依赖，围绕优势产业进行产业升级，激发创新活力是构建它们核心竞争力的关键。

第五类城市：地方重要城市（得分7~8分）。

包括排名第87~100位的荆门、六安、荆州、淮北、张家界、怀化、邵阳、咸宁、攀枝花、孝感、新余、巴中、广安、资阳，计14座城市。这类城市总体协同能力较弱，辐射带动能力相对有限。这类城市总得分较低，但是有不同的表现：一类是在经济发展、科技创新、交流服务、生态支撑各个分领域的协同水平都不够突出，如荆门、荆州等市；另一类是在某一个领域表现较差，导致总指数排名靠后，如张家界、新余等市，它们在经济发展、交流服务、生态领域表现尚可，但在科技创新领域则短板明显。这类城市往往协同发展能力的提升空间较大，未来需准确定位城市自身的优势，克服限制其协同发展的短板领域，加强与周边城市的联动，从而提升整体协同发展水平。

第六类城市：地方一般城市（得分<7分）。

包括排名第101~110位的益阳、临沧、随州、娄底、铜陵、雅安、昭通、眉山、池州、萍乡，计10座城市。这类城市协同发展能力薄弱，与前五类城市相比差距显著。限制这类城市协同发展的因素主要有两个：一是经济基础薄弱，且科技创新短板明显，没有十分突出的优势领域；二是对外联系强度很低，交流服务能力较弱，城市职能以为本市范围服务的非基本职能为主，难以为发展注入动力。这类城市未来亟待补齐短板、增强对外联系，积极融入区域整体的协同发展。

从等级分布来看，2021 年长江经济带城市等级分布"纺锤形"的特征更加明显（见图 3 - 3）。相较于 2020 年，2021 年一般区域中心城市和区域重要城市的数量分别增加了 6 座和 10 座，同时地方重要城市和地方一般城市的数量分别减少了 9 座和 7 座，中间等级城市数量的扩大表明 2021 年长江经济带城市协同发展能力较 2020 年更为均衡。两个年份得分的方差比较也印证了这一结果，2021 年长江经济带城市协同发展能力得分的方差为 79.59，小于 2020 年的 96.72。这主要得益于各地积极推进"新基建"，从整体上提升了长江经济带城市的交流服务得分。2020 年国家出台一系列政策支持新基建，这得到了长江经济带各地方政府的积极响应，例如 2020 年 5 月上海发布了《上海市推进新型基础设施建设行动方案（2020~2022 年)》，预计总投资约 2 700 亿元，2021 年 10 月四川印发《四川省"十四五"新型基础设施建设规划》，提出了七大重点任务，立足打造"西部领先，全国一流"的新基建。新基建的大力推行为长江经济带各城市充分交流生产要素提供了坚实的基础，能够充分发挥领头城市的带动作用，为后发城市提供学习和交流的渠道，从而使长江经济带城市的等级结构更加均衡。

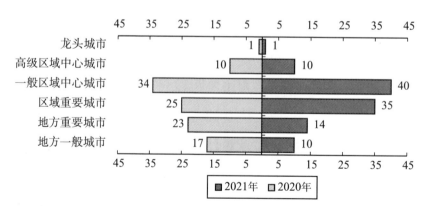

图 3 - 3　长江经济带城市等级分布情况（2020~2021 年）

从空间分布来看，长江经济带内上游、中游、下游城市的协同发展能力差异明显。长江下游地区是协同发展能力高值集聚区，以上海这一龙头城市为核心，杭州、南京、苏州、无锡、宁波、合肥等高级区域性中心城市密集分布，其余城市也大多位列一般区域中心城市，城市间协同发展能力均处于较高水平，整体上长江下游地区已步入区域一体化阶段。长江中游地区的协同发展能力居中，武汉、长沙和南昌三个省会城市协同发展能力较强，其余城市的协同发展能力并不突出，说明这一区域的协同能力受行政级别影响较大，城市间各种资源流动存在较大壁垒，市场调配资源的能力受到较大限制，处在非均衡发展阶段。区域核心城市对周边的"溢出效应"较差，更多体现为中心对周边的"虹吸效应"，此外，中游地区协同能力较高的城市呈现沿京广线和京九线带状分布的特征。长江上游地区的协同发展能力总体依然非常低，仅成都、重庆、昆明、贵阳等城市的协同发展能力较为突出，城市等级分布呈现明显断档，核心城市对周边地区的"虹吸效应"十分显著。该区域内城市主要位于中国地势的第一阶梯和第二阶梯，自然地理环境较为恶劣，长期以来城市发展受阻，属于低水平发展地区；加之较大的地形起伏使得该地区对外通达度和联系度较弱，受"路径锁定"效应的影响明显，该区域内协同发展能力的空间差异较大。总体而言，长江中上游地区较为普遍地实行"强省会"战略，确实有利于缓解劳动力等生产要素外流的处境，但是在集中资源建设强省会的过程中，省会溢出带动作用发挥比较有限，这也导致了中上游地区虽然存在协同发展能力得分很高的城市，但是城市等级分布断档严重，协同发展能力得分普遍较低。因此，在建设发展长江经济带城市的过程中，除了发挥长江的纽带作用，实现下游带动中上游的目标之外，也应该聚焦发挥中上游省会城市的"溢出效应",普遍提升长江经济带中上游城市的协同发展能力。

第二节　专题领域协同发展能力差异巨大

为了更好地了解不同城市协同发展能力的优势和劣势,本节进一步分析各个城市在经济发展、科技创新、交流服务、生态支撑等领域的协同能力,并分析各专题领域协同发展能力相比 2020 年的变化情况。

一、经济发展协同发展能力有所提升

表 3-2 中列出了长江经济带经济协同发展能力得分前十名和后十名城市。从空间分布来看,同 2020 年一样有六个城市位于长三角地区,四个城市位于长江经济带中上游地区。整体上,前十榜的城市相比 2020 年未发生大的变化。上海仍稳居首位,重庆次之。从具体得分变化看,相比 2020 年,上海、成都、苏州、武汉、长沙、南京得分出现小幅提升,重庆、杭州、无锡和宁波得分稍有下降。上海在经济协同领域的总得分再次拉开与前十名其他城市的差距。上海在综合 GDP 水平、利用外资金额、银行支行数量以及社会消费品零售额等方面得分相比 2020 年均增加,其中银行支行数量得分增幅明显,比重庆得分高出 16.7 分,扭转了 2020 年重庆在银行支行数量方面远超上海的局面。无锡经济协同发展能力的总得分下降,排名由 2020 年的第 4 名下滑

到第7名。在制造业500强总部数量上，无锡得分最高，再次凸显了无锡制造业"主角"的核心地位。但相比2020年，无锡在制造业500强数量、综合GDP、利用外资金额、社会消费品零售额等方面的得分均下降，其中制造业500强数量得分由2020年的93.33分下降到86.67分。重庆总得分小幅下降与在银行支行数量方面得分的变化有关。随着金融科技的飞速发展，重庆在经历了初期以物理网点快速扩张占领市场的发展阶段后，逐步向互联网金融转型。

表3-2　　　　长江经济带城市经济协同发展能力
前十名和后十名（2021年）

前十名				后十名			
排名	城市	得分	所在省市	排名	城市	得分	所在省市
1	上海	88.54	上海市	101	广元	4.99	四川省
2	重庆	56.30	重庆市	102	保山	4.71	云南省
3	杭州	53.23	浙江省	103	资阳	4.53	四川省
4	成都	49.02	四川省	104	毕节	4.50	贵州省
5	苏州	46.54	江苏省	105	张家界	4.49	湖南省
6	武汉	46.25	湖北省	106	丽江	4.29	云南省
7	无锡	43.89	江苏省	107	普洱	4.12	云南省
8	宁波	40.35	浙江省	108	巴中	3.77	四川省
9	长沙	37.68	湖南省	109	临沧	3.76	云南省
10	南京	35.80	江苏省	110	昭通	3.66	云南省

后十名城市均位于长江经济带中上游地区，经济协同发展得分差距较小，且以云南省和四川省的城市居多。相比2020年，云南省的保山、丽江、普洱、临沧以及昭通仍位列后十名。省会昆明经

济协同发展能力综合得分由 2020 年的 18.11 分上升到 2021 年的
19.97 分。云南省应充分发挥省会昆明对省内经济发展落后城市的
辐射带动作用。四川省除广元和巴中外，资阳的得分相比 2020 年
小幅上升，但是排名却更加靠后。湖南省张家界排名由去年的第 96
名下降到第 105 名。从指标变化看，相比 2020 年该市除银行支行
数量的得分下降外，综合 GDP、使用外资金额以及消费品零售额均
有小幅增加，部分排名靠后城市的追赶是导致排名变化的主要原
因。总之，排名的变化除了能够展示长江经济带各城市经济协同
发展能力的差异，也能够使得城市之间形成追赶超越的良性竞争
氛围。

二、科技创新协同发展能力极化严重

在科创协同发展领域，长江经济带各城市协同发展能力前十名
和后十名城市见表 3 – 3。本年度长江经济带各城市科创协同发展总
体得分相比 2020 年小幅下降。从空间分布看，长江经济带创新资
源与创新能力的空间集聚度较高，前十名中有六个城市位于长三角
地区，四个位于长江经济带中上游地区。从位序变化看，与 2020
年相比，除宁波创新协同能力略有提升外，上海、南京、杭州、武
汉、成都、苏州、合肥、重庆和长沙九个城市的创新协同能力均有
所下降。究其原因，上海、南京、杭州、武汉、成都、苏州、合
肥、重庆以及长沙相比 2020 年虽专利合作数量增幅明显，但财
政科技资金投入均显著下降。从排名变化看，上海创新协同能力
综合得分略有下降，但是仍处于长江经济带首位，且与第 2 名南
京的得分差距由 2020 年的 1.6 倍扩大到 2.0 倍。杭州赶超武汉
位于第 3 名，宁波赶超重庆和长沙位于第 8 名。具体来讲，在财

政科技资金投入方面，上海与南京的差距由 2020 年的 2.48 倍扩大到 3.99 倍；在从事科技活动人员数量方面，上海与南京的差距由 2020 年的 1.27 倍扩大到 3.12 倍。前十名城市作为区域创新高地，创新资源丰富，应在加强财政科技资金和科技人员投入的基础上，探索更高效的跨区域协同创新机制，缩小与区域创新高地创新协同能力的差距。

表 3－3　　　　　长江经济带城市科创协同发展能力
前十名和后十名（2021 年）

前十名				后十名			
排名	城市	得分	所在省市	排名	城市	得分	所在省市
1	上海	95.48	上海市	101	新余	0.34	江西省
2	南京	46.79	江苏省	102	随州	0.31	湖北省
3	杭州	39.01	浙江省	103	雅安	0.29	四川省
4	武汉	38.66	湖北省	104	广元	0.29	四川省
5	成都	35.20	四川省	105	巴中	0.28	四川省
6	合肥	29.50	安徽省	106	遂宁	0.28	四川省
7	苏州	25.76	江苏省	107	丽江	0.24	云南省
8	宁波	23.02	浙江省	108	广安	0.21	四川省
9	重庆	18.73	重庆市	109	资阳	0.18	四川省
10	长沙	17.06	湖南省	110	张家界	0.13	湖南省

后十名城市均处于长江经济带中上游区域，其中有六个城市位于四川省。四川省创新资源的空间极化现象较为显著。雅安、广元、巴中、遂宁、广安和资阳六个城市在财政科技支出、从事科技活动人员数量以及合作专利申请数量等方面均与目标值相差较大，创新协同能力较为薄弱。根据四川省行政区划图，雅安、资阳与成

都毗邻，广元、巴中、遂宁以及广安距离成都较远，位于边缘位置。成都对雅安和资阳的虹吸作用导致其创新协同能力不升反降。广元、巴中、遂宁和广安等城市受区域先决条件严重制约，经济协同发展能力较差。作为长江经济带最西端的省份云南在经济协同发展方面进步较大。云南省处于后十名的城市由 2020 年的五个减少到一个。

三、交流服务协同发展能力保持水准

新形势下，城市发展开始从"以规模与体量论英雄"阶段，进入"以质量和服务半径定城市角色"阶段，通过增强城市交流服务能力，旨在更广范围内集聚更多更优发展要素。表 3 - 4 给出了长江经济带交流服务协同能力前十名和后十名城市的排行榜。从空间分布看，前十名中有六个城市位于长三角地区，四个位于长江经济带中上游地区。从位序变化看，上海的交流服务辐射能力仍处于长江经济带的榜首，但是同杭州、武汉以及苏州一样，交流服务综合得分相比 2020 年稍有下降。究其原因，一是上海、杭州、武汉以及苏州互联网宽带用户数显著下降；二是随着通信技术的提升以及新基建的普及和改善，用户更倾向于选择便捷的移动互联网。成都、南京、重庆、昆明、无锡和合肥交流服务能力显著提升。从基础指标变化看，合肥新基建数量得分是 2020 年的 4.25 倍，机场客货运量得分是 2020 年的约 18.02 倍，使得合肥的交流服务能力由 2020 年的第 11 名提升到第 10 名。合肥在交流服务领域的快速提升，旨在为其承接沿海城市和全球产业转移的战略发展提供基础条件。

表 3 - 4　　　　　　　　长江经济带城市交流服务能力
前十名和后十名（2021 年）

前十名				后十名			
排名	城市	得分	所在省市	排名	城市	得分	所在省市
1	上海	89.01	上海市	101	池州	12.79	安徽省
2	成都	75.80	四川省	102	淮北	12.66	安徽省
3	杭州	72.90	浙江省	103	随州	12.48	湖北省
4	南京	67.78	江苏省	104	雅安	12.48	四川省
5	重庆	63.94	重庆市	105	昭通	12.47	云南省
6	武汉	63.35	湖北省	106	毕节	11.94	贵州省
7	昆明	48.05	云南省	107	淮安	11.62	安徽省
8	无锡	45.43	江苏省	108	景德镇	11.36	江西省
9	苏州	45.12	江苏省	109	攀枝花	11.17	四川省
10	合肥	44.91	安徽省	110	临沧	8.71	云南省

　　后十名城市相比 2020 年变化较大，缘于大部分城市通过增加新基建数量的方式快速提升自身的交流服务能力。从空间分布看，后十名中有三个城市位于长三角地区，七个城市属于长江经济带中上游地区。其中安徽的池州、淮北和淮安，属于本年度新进入后十名的城市。根据基础指标，池州、淮北和淮安相比 2020 年新基建数量得分增幅显著，但互联网用户得分显著下降。由于大部分城市争相增加新基建数量和互联网用户数量，使得池州、淮北和淮安的交流服务能力排名严重靠后，甚至出现在后十名的行列中。雅安、景德镇、攀枝花以及临沧仍位列后十名。随着新基建进入了加速推进的快车道，这四个城市应加快 5G 网络、数据中心等新型基础设施建设进度，快速走出后十名行列。当城市间争相通过推进新基建提升交流服务能力时，会出现不进则退的局面。

四、生态支撑协同发展能力显著增强

在"共抓大保护、不搞大开发"战略指引下，长江经济带城市生态支撑协同能力变化成为各界关注的焦点。相比2020年，2021年把各市的双碳行动情况纳入评价体系。根据计算结果，长江经济带生态环境协同能力整体上稍有向好，但生态环境问题依然十分严峻。表3-5统计出长江经济带城市生态支撑协同发展能力前十名和后十名的城市。从空间分布看，前十名有两个城市位于长三角地区，八个城市位于长江经济带中上游地区。整体上看，前十名城市在生态支撑协同发展方面得分相比2020年均出现小幅度上升。舟山生态支撑协同能力仍处于整个长江经济带的首位，保山次之。普洱、景德镇、铜仁、丽水和内江属于2021年新进入前十名的城市。其中，普洱排名由2020年的12名上升到第4名，景德镇由2020年的14名上升到第6名。内江生态支撑协同能力得分的迅速增加缘于环保投入和双碳行动得分较高，反映出内江作为老工业城市，坚持绿色发展理念推动产业转型升级，加速环保产业布局和能源结构调整实际成效显著。位于长三角城市群内部的丽水相比2020年排名取得较大幅度提升。在双碳行动得分方面丽水排在前列，且环境投入和空气质量得分相比2020年有所增加。此外，保山、丽江、普洱三市生态支撑协同能力位于前十名，然而经济发展协同能力却排在后十名。综上分析表明：一是长江经济带生态环境保护的号角已经吹响，双碳行动正在进行中；二是生态环境保护和经济发展的矛盾依然突出，绿色转型仍任重而道远。

表 3 – 5　　　　　　长江经济带城市生态协同发展能力
前十名和后十名（2021 年）

前十名				后十名			
排名	城市	得分	所在省市	排名	城市	得分	所在省市
1	舟山	19.17	浙江省	101	池州	7.30	安徽省
2	保山	19.15	云南省	102	邵阳	7.18	湖南省
3	丽江	18.97	云南省	103	黄冈	7.13	湖北省
4	普洱	18.37	云南省	104	怀化	7.06	湖南省
5	安顺	17.57	贵州省	105	眉山	6.64	四川省
6	景德镇	16.67	江西省	106	娄底	6.64	湖南省
7	赣州	16.18	江西省	107	徐州	6.43	江苏省
8	铜仁	16.14	贵州省	108	新余	5.97	江西省
9	丽水	15.95	浙江省	109	咸宁	5.82	湖北省
10	内江	15.76	四川省	110	铜陵	5.66	安徽省

　　后十名城市中有三个位于长三角地区，七个位于长江经济带中上游地区。铜陵和咸宁生态支撑协同能力继续垫底。作为安徽省的工业化高地，铜陵承接了来此沿海的大量制造业产业转移，短期内产业结构和能源结构调整成效甚微。从具体指标变化看，铜陵和咸宁的环保投入得分相比 2020 年小幅增加，但是双碳行动得分较低。将环保投入转为能够实现清洁生产和节能减排的绿色技术创新成果，并及时响应国家双碳行动号召是铜陵和咸宁未来平衡生态环境保护和经济发展的必然选择。徐州排名变化较大，排名由 2020 年的 78 名变为 107 名。对比指标变化，徐州双碳行动得分相比长江经济带其他城市得分较低。长江经济带当前长江经济带生态支撑协同发展能力呈现出两个特点：一是大部分城市生态环境保护和经济增长呈现出此消彼长局面；二是部分城市以增加环境保护投资额为

手段提升生态支撑协同能力排名，但生态环境保护关乎国家的发展命脉，通过绿色转型、培育大量清洁技术产业集群等方式进行产业结构调整和能源结构调整才是长久之计。

五、不同领域协同发展能力相辅相成

经济发展、科技创新、交流服务与生态支撑四个分领域相辅相成。对长江经济带的经济发展、科技创新、交流服务与生态支撑四个分领域的相关关系进行分析（见图 3 - 4）能够更加全面地揭示长江经济带整体协同能力的变化情况。四个专题领域，两两之间均呈现正相关关系。其中，交流服务能力与经济发展能力相关系数最高，高达 0.8957，经济协同能力排名前十的城市中有八个位于交流服务能力的前十名。经济全球化、信息化和网络下时代，经济发展能力高的城市必有为其提供所需的人才流动、信息流动和物质流动的服务载体。科技创新与经济发展之间具有显著的正相关关系，相关性系数次高，为 0.8910，反映了科技创新在应对经济结构转型升级方面的核心驱动作用。经济发展与科技创新能力的高度协同才能促进产业可持续发展。科技创新与交流服务能力的相关系数由 2020 年的 0.9129 下降到 0.8652，反映了创新主体互动交流固然有赖于与之配套的交流服务能力作为支撑，但地理邻近性在科技创新合作交流方面的作用稍有下降，城市之间在已建立的创新合作基础上产生的社会邻近、认知邻近和信息邻近等对科技创新的促进作用凸显。生态支撑协同能力与其他三个领域的协同联动呈现出弱正相关关系，打破了长期以来生态支撑能力与其他三者的负相关关系的局面，反映了全流域整体上更加自觉、更加创造性地践行"共抓大保护，不搞大开发"取得阶段性成果。具体来讲，经济发展与生态支撑能力之间相关系数为 0.0989，反映了经济发展与环境保护的关系由对立到相辅相成的转变，正如习近平总书记强调"绿水青山就是金山银山"。科技创新与生态支撑能力之间的相关系数为 0.1444，虽仍是弱正相关关系，但是高出经济协同领域与生态支撑领域的相关关系，是以科技为支撑建设生态文明稍显成效的体现。要常保绿水青山，就需依靠绿色科技创新进行产业结构绿色重组。交流服务与生态支撑之间的相关系数为 0.1458，反映了交流服务能力的改善在生态环境领域得到更多有效的投入与转化应用，同时生态支撑协同发展能力的提升对交流服务水平的改善提供明显的优势。未来需要继续秉承长江经济带绿色发展战略以及"两山"价值转化，加强经济发展、科技创新、交流服务等领域与生态支撑领域的协同关系，实现长江经济带更高质量的绿色发展。

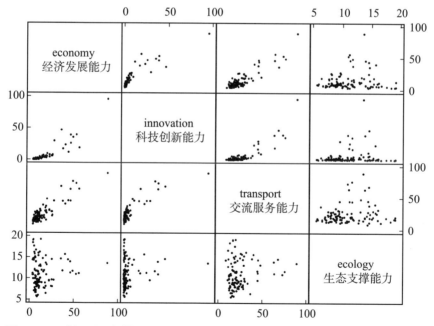

图 3 - 4　长江经济带城市协同发展能力四个专题领域关系（2021 年）

第三节　协同发展能力的空间
集聚和差异并存

本节对长江经济带城市协同发展能力的空间关系进行分析，包括对长江经济带城市协同发展能力的空间集聚效应分析、空间异质性分析。

一、空间溢出和袭夺效应显著

本小节应用空间计量分析方法对长江经济带 110 个地级及以上城市协同发展能力的空间相关性进行分析。首先根据 2021 年长江经济带各地级及以上城市的协同发展能力指数计算出全域莫兰指数（Global Moran's I），其中，空间权重矩阵根据各城市距离平方的倒数计算得到。全域莫兰指数可看作各地区城市协同发展能力的乘积和，取值范围介于 −1 ~ 1：若其数值大于 0，则说明城市协同发展能力存在空间正自相关，即相邻区域之间城市协同发展能力具有相似属性，城市协同发展能力高的城市集聚在一起，发展水平低的城市集聚在一起，数值越大说明空间分布的正自相关性越强，集聚的强度也越强；若其数值小于 0，则说明城市协同发展能力存在空间负自相关，城市协同发展能力高的城市和城市协同发展能力低的城市集聚在一起，数值越小则说明各空间单元的离散性越大；若其数值为 0，则说明城市协同发展能力服从随机分布，地区间不存在相关关系。

表 3 − 6 为城市协同发展能力和经济协同发展能力、科创协同

发展能力、交流服务能力以及生态支撑协同能力的全域莫兰指数检验结果。从中可以看出，长江经济带城市协同发展能力具有显著的正向空间相关性。说明长江经济带协同发展能力在空间上并非处于随机的状况，而是在空间上趋于集聚，长江经济带一体化现象明显。

表 3 - 6　　长江经济带城市协同发展能力全域莫兰指数（2021 年）

协同发展能力	Global Moran's I	P 值
城市协同发展能力	0.086	0.014
经济协同发展能力	0.187	0.000
科创协同发展能力	0.051	0.067
交流服务协同能力	0.032	0.181
生态支撑协同能力	0.228	0.000

注：使用的空间权重矩阵为各城市距离平方的倒数。

再看四个分领域的全域莫兰指数，可以发现经济发展领域和生态支撑领域，都具有显著的正向空间相关性。因此，长江经济带110 个城市的经济协同发展能力和生态支撑协同能力在空间分布上同样是在空间上趋于集聚，长江经济带经济协同发展能力和生态支撑协同能力存在空间上、区域上集聚的现象。

而另外两个领域——科创协同发展能力和交流服务协同能力，虽然存在正向的空间相关性，但却不够显著。说明长江经济带城市在科创协同发展水平和交流服务协同发展水平的空间集聚现象不明显。由于科技创新的协同发展主要靠吸引外部资源和人才，因此没有形成科技创新领域的一体化发展的格局。在交流服务领域中，"虹吸效应"使得资源和要素进一步流向高首位度城市，因此交流服务领域的一体化发展格局也难以形成。未来长江经济带一体化的发展在科创协同发展能力和交流服务协同能力上仍有待进一步提高。

二、东中西部呈现异质效应

值得注意的是，全域莫兰指数可以描绘经济变量整体的空间自相关性，但不能反映具体地区的空间依赖性，而局部莫兰指数分析则能够提供各地区与相邻地区间的空间关系。在局域莫兰指数分析中，一般是通过图形来展示不同地区的空间关系模式。具体而言，在二维平面上绘制局部莫兰指数散点图，将每个城市的协同发展指数划分为四个象限的集群模式，以此识别一个城市与邻近城市的空间关系。在局部莫兰指数散点图中，第 I 象限是高—高组合，表示城市协同发展能力高的地区被同是高能力的地区包围；第 II 象限为低—高组合，表示城市协同发展能力低的地区被高能力地区包围；第 III 象限为低—低组合，表示城市协同发展能力低的地区被同是低能力的地区包围；第 IV 象限为高—低组合，表示城市协同发展能力高的地区被低能力的地区包围。

为深入分析长江经济带城市协同发展能力的空间集聚特征，本部分绘制了长江经济带城市协同发展能力的局域莫兰指数散点（见图 3 - 5）。图中四个象限分别对应城市协同发展能力与邻近城市协同发展能力之间的四种类型的局部空间联系形式。

在长江经济带城市协同发展能力的局域莫兰指数散点图中，四个象限均存在一定数量的城市，说明在城市协同发展能力上，4 种组合的城市集聚类别同时存在。相较于 2020 年，落在各象限的城市变化不大。

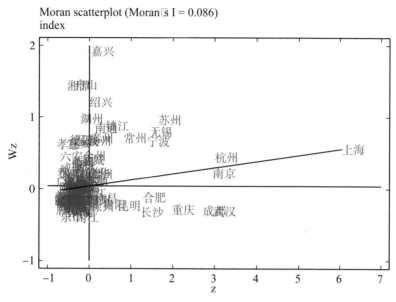

图 3 – 5　长江经济带协同发展能力指数局部

莫兰指数散点（2021 年）

第 I 象限的城市大部分是东部沿海地区的城市，包括上海、杭州、南京、苏州、无锡、宁波、南通等城市，属于"高—高"组合。这些城市自身的协同发展能力强，其周边城市协同发展能力也强，它们在城市协同发展能力排行榜中均位居前列，属于城市分类中的龙头城市、高级区域中心城市和一般区域中心城市。这类城市不仅保持自身高质量发展，也带动邻近城市实现共同发展，很好地践行了一体化发展和高质量发展的国家重大发展战略，是推动长江经济带高质量一体化发展的重要引擎和成功案例。

落在第 III 象限的城市基本是位于中西部地区的城市，与第 I 象限相反，包括眉山、乐山、雅安、内江、娄底等城市，属于"低—低"组合。这些城市自身协同发展能力弱，周边城市协同发展能力也弱，在城市协同发展能力排行榜中排名靠后，在城市分类中属于地方一般城市。这类城市由于自身资源禀赋相对欠缺，其周边也缺少起到引领带动作用的中心城市，因而成为限制长江经济带一体化发展和高质量发展的城市。

第Ⅳ象限城市多为中西部地区的省会城市或区域中心城市，包括武汉、成都、重庆、长沙、合肥、昆明、南昌、贵阳等城市，属于"高—低"组合。这类城市的特点是自身协同发展能力强，但周边城市协同发展能力较弱，在城市协同发展能力排行榜中排名靠前，属于城市分类中的高级区域中心城市和一般区域中心城市。城市发展过程中，如果要素资源过于集中于部分城市，这类与周边城市的差距越来越大，往往会发展成为单极核心城市。最终，这类城市不仅不能辐射周边城市，带动周边城市实现一体化发展，反而可能抢占周边城市的优势资源，进而限制和阻碍周边城市的发展。在长江经济带一体化发展和高质量发展战略布局中，这类城市需转变发展思路和策略，应主动辐射和引领周边城市共同实现高质量的一体化发展。

第Ⅱ象限与第Ⅳ象限相反，落在第Ⅱ象限的城市多位于区域中心城市和区域重要城市的周边，属于"低—高"组合，包括孝感、湘潭、咸宁、六安等。这些城市的协同发展能力较为一般，在城市发展协同排行榜中排名处于中等位置，属于城市分类中的区域重要城市和地方重要城市。虽然这类城市本身具有一定的资源禀赋，但这类城市在区位上多处于第Ⅳ象限城市的周边，也就是说，这些城市周边存在高级区域中心城市和一般区域中心城市，周边的城市协同发展能力高，因而形成"低—高"组合。这些城市发展要素和优势资源往往流向武汉、成都等首位度较高的城市，因而较难提高当前较低的协同发展水平。

上述分析表明，长江经济带城市协同发展能力不仅表现出一定的空间集聚特征，也存在一定的空间异质性特征，空间集聚并不是绝对的和完全的。

第四节 主要结论与发现

本章对 2021 年长江经济带城市的协同发展能力进行了综合评价。在对长江经济带协同发展新进展进行总结的基础上，提出长江经济带协同发展面临的四大难题。

一、长江经济带协同发展再创三大新进展

一是长江经济带城市综合协同发展能力显著增强。经济带内 110 个城市的综合协同发展能力评估分值较之 2020 年平均提升 2 ~ 3 分，体现出长江经济带城市协同发展综合能力和水平不断提升，高质量协同发展的基础更加坚实。龙头城市上海发展更趋均衡，对整个经济带的引领能力进一步增强，其综合协同发展能力得分由 2020 年的 66.01 分提高至 68.23 分，尤其是经济发展（88.54 分）和生态支撑（13.60 分）两个领域的协同能力得以大幅提升，分别较 2020 年提升 8.86 分和 6.87 分，科技创新（95.48 分）和交流服务（89.01 分）两个领域继续保持高水平发展，达到世界一流水平。杭州、南京、成都、武汉、重庆、苏州、宁波、合肥、无锡、长沙等 10 座高级区域中心城市的综合协同发展能力继续位居前列，较之 2020 年个别城市排位略有升降，但其综合协同能力得分都在 25 分以上（25.09 ~ 40.22 分），而 2020 年有三座高级区域中心城市（宁波、合肥、无锡）得分低于 25 分，这体现出经济带内的高

级区域中心城市的综合协同能力更趋优化，对所在区域、城市群乃至全流域的辐射带动效应更趋明显。

二是长江经济带城市体系向橄榄型方向优化。长江经济带城市协同发展能力指数（2021 年）表明，城市之间的协同发展能力仍然存在着显著的等级差异，但六个等级的橄榄型城市体系结构有所优化：龙头城市上海和高级区域中心城市数（10 座）保持不变，但一般区域中心城市数量由 2020 年的 34 座增加到 2021 年的 40 座，区域重要城市由 25 座增加到 35 座，地方重要城市由此从 2020 年的 23 座减少至 14 座，地方一般城市从 17 座减少到 10 座。从城市综合协同能力分值分布来看，2020 年综合协同能力得分 10 分以上城市仅 27 座，不足 110 个城市总数的 25%，而 2021 年综合协同能力 10 分以上城市增至 51 座，达到 110 个城市总数的 46.36%。总体而言，一般区域中心城市和区域重要城市对整个经济带的支撑性作用进一步提升，城市协同能力的整体增强进一步优化了整个经济带协同发展的城市体系，全面推动长江经济带高质量发展取得显著成效。

三是三大城市群的战略引领和支撑能力大幅提升。站在"十四五"新起点，对标《长江经济带发展规划纲要》目标要求，生态优先、流域互动、集约发展的战略思路得以全面贯彻，"一轴、两翼、三极、多点"的发展格局基本形成。上海、武汉、重庆三个流域核心城市的综合协同能力不断提高，长江三角洲城市群、长江中游城市群、成渝城市群三大主体的支撑性作用和增长极效应更趋突出。其中，长江三角洲城市群上海、南京、杭州、合肥、苏州等大都市区国际化水平不断提高，在科技创新、交流服务、经济发展、生态支撑等方面发挥引领作用不断增强，国际竞争新优势和世界级城市群建设目标取得明显进展；长江中游城市群中武汉、长沙、南昌中心城市功能稳步提升，城市群综合竞争力和对外开放水平也不断提高。成渝城市群重庆、成都两个中心城市的城市功能显著增强，双引擎带动和支撑作用日益凸显。此外，在三大城市群以外形成一批新的区域性城市、地方重要城市，不断完善城市功能，发展优势产业，建设特色城市，与中心城市的经济联系与互动更趋紧密，带动地区经济发展。

二、长江经济带协同发展仍面临四大难题

聚焦长江经济带"五新三主"的新战略使命（谱写生态优先绿色发展新篇章、打造区域协调发展新样板、构筑高水平对外开放新高地、塑造创新驱动发展新优势、绘就山水人城和谐相融新画卷，成为我国生态优先绿色发展主战场，畅通国内国际双循环主动脉，引领经济高质量发展主力军），对标世界一流，当前长江经济带城市协同发展仍存在以下四大问题。

一是生态短板仍然突出。110 个城市中生态支撑领域位居第一的舟山得分也仅为 19.17 分，而经济发展、科技创新、交流服务等领域排位第一的城市得分都在 90 分左右。从四个领域排名前 10 位城市得分均值来看，经济发展领域为 49.76 分，科技创新领域为 36.92 分，交流服务领域为 61.63 分，而生态支撑领域仅为 17.39 分。龙头城市上海在经济发展、科技创新、交流服务三大领域已接近或达到世界先进水平，但生态支撑领域得分仅为 13.60 分。这表明长江经济带内城市生态支撑短板问题仍然突出，生态环境综合治理与保护仍是长江经济带协同发展的首要任务。

二是创新能力极化严重。110 个城市中科创协同能力排位第一

的上海市得分高达 95.48 分，而排在末位的城市得分仅为 0.13 分。科创协同能力前 10 位城市的平均得分值为 36.92 分，而后 10 位城市的平均得分值仅为 0.26 分，前者是后者的 142 倍。这表明经济带内城市间的科创协同能力极化十分严重，存在"一个长江经济带，6 个世界"的等级分化问题，尤其是地方性城市（包括地方重要城市和地方一般城市）的科技创新能力极为低下，成为全面推动长江经济带制造业优化升级，推进产业基础高级化和产业链现代化，塑造创新驱动发展新优势的关键掣肘。

三是系统耦合中的摩擦阻滞效应明显。生态优先、绿色发展的协同动能仍未形成。长江经济带各城市在经济发展、科技创新和交流服务三个领域的协同发展能力已经呈现出高度正相关关系，其中交流服务与经济发展两个领域的相关系数已达 0.8957；科技创新与经济发展两个领域之间的相关性也高达 0.8910，科技创新与交流服务两个领域之间的相关性达到 0.8652，但生态支撑与其他三个领域之间虽呈现出正相关关系，但相关性仅有 0.14 左右。这表明生态支撑领域与经济发展、科技创新、交流服务等领域之间的协同动能还未真正形成，生态产品价值实现瓶颈问题仍未有效破解，推动经济绿色低碳发展仍然任重道远。

四是都市圈协同发展能力高度分异化。长江经济带上中下游城市协同发展能力的空间差异仍然突出，上中下游地区的有机融合仍是重大课题。长江下游地区是协同发展能力高值集聚区，从城市群、都市圈的角度看，主要包括长三角城市群，从协同发展能力看，其平均分值接近 16 分。长江中游地区是城市协同发展能力的中值区，但其所包含的武汉、南昌、长沙三个都市圈的综合协同能力平均分值不足 10.5 分，接近长三角城市群 2 个都市圈平均分值的 66%，距离"龙腰"挺起的战略定位仍有较大差距。长江上游地区的协同发展能力整体仍然较为低下且城市之间差异大，区域内虽有成渝城市群，但大部分城市在经济发展、科技创新、交流服务等领域都仍处于低水平发展阶段。而昆明、贵阳等省会城市由于其自身协同能力偏弱，总体上仍然处于独立发展阶段，还未能对周边城市形成明显的辐射带动作用。

第四章 促进长江经济带城市协同发展的对策建议

长江经济带城市协同发展能力指数表明，长江经济带生态环境保护发生了转折性变化，经济社会发展取得历史性成就。但整体上尚存在生态短板突出、创新极化明显、系统耦合摩擦大、都市圈协同发展能力差距大等突出问题。聚焦新时期将长江经济带建设成为我国生态优先绿色发展主战场、畅通国内国际双循环主动脉、引领经济高质量发展主力军的战略目标，对标世界一流，促进长江经济带城市协同发展，需要着力开展以下五大行动。

第一节 五措并举，持续开展保护修复攻坚战

一、污染治理提质扩面

推动沿江城镇污水垃圾处理、化工污染治理、农业面源污染治理、船舶污染治理和尾矿库污染治理"4+1"工程提质扩面，狠抓突出生态环境问题整改，建立健全长江流域水生态环境考核评价制

度，补齐污染治理短板弱项，进一步夯实沿江省市污染治理基础。以推进长江经济带矿产金属加工和石油化工等资本密集型产业有序转移为重要抓手，持续开展工业园区污染治理、"三磷"行业整治等专项行动，进一步提升流域生态环境质量。

二、重点生态区保护修复

立足6个国家重点生态功能区以及洞庭湖和鄱阳湖等重要湿地，加快实施横断山区水源涵养与生物多样性保护、长江上游岩溶地区石漠化综合治理、大巴山生物多样性保护与生态修复、三峡库区生态综合治理、洞庭湖、鄱阳湖等河湖、湿地保护与修复、大别山水土保持与生态修复、武陵山区生物多样性保护、长江重点生态区矿山生态修复等重大工程，协同配合、严格执行长江十年禁渔行动，把实施重大生态修复工程作为推动长江经济带发展的优先选项，进一步增强区域水源涵养、水土保持等生态功能，逐步提升河湖、湿地生态系统稳定性和生态服务功能，加快打造长江绿色生态廊道。

三、绿色转型双碳行动

一是着力调整产业经济结构，破除高碳发展路径依赖，重点关注长江中游、上游城市中高耗能、低附加值行业和产能的达峰与减碳路径；二是协调好能源低碳转型与能源安全的关系，着力优化能源结构，构建现代能源体系，增强长江经济带经济社会发展能源保障能力；三是因地制宜做好地方减排的规划部署，形成匹配发展定位、区域协同互补的减碳空间格局。四是大力推进双碳行动试点、示范，鼓励和支持"碳中和先行区"和"零碳"城市试点建设。

四、社会资本引入

一是鼓励和支持社会资本参与长江经济带生态保护修复。科学设立生态保护修复项目，鼓励和支持个人、企业、产业联盟、公益组织等以自主投资、与政府合作、公益参与等模式参与，重点鼓励和支持社会资本参与以政府支出责任为主的生态保护修复，公开竞争引入生态保护修复主体，探索建立"生态保护修复＋产业导入"、碳汇增量核证与交易、资源综合利用收益等收益机制，畅通社会资本参与和获益渠道，规范开展生态保护修复产品市场化交易，激发社会资本参与生态保护修复的投资潜力和创新动力。二是强化流域生态环境治理的系统性观念，推动长江全流域按单元精细化分区管控，严格落实以《"十四五"长江经济带实施方案》为统领的湿地保护、塑料污染治理、重要支流系统保护修复、重要湖泊保护与治理、产业负面清单等专项规划和实施方案，形成干支流协同发力、全流域整体推进的流域生态环境协同治理格局。

五、生态服务价值实现

一是建立和完善生态补偿机制、生态资源产权交易机制，加快制定生态产品价值核算技术办法、GEP核算标准，推动建设长江经济带生态资产和生态产品交易中心，保障生态服务价值实现。二是加快发展绿色金融，组建长江经济带绿色金融发展联盟、推进绿色金融改革创新试验区建设、推动国家绿色发展基金与长江经济带11省市地方政府的有效合作，满足带内企业、地方政府在生态保护、节能环保、减碳、生态经济发展等方面的投融资需求。三是持续创新性探索"两山"转化的实践模式，推动以大生态实现大健康产业发展，鼓励和支持生态环境好的城市发展生态旅游、绿色、功能食品产业，增强地方产业经济基础和生态经济发展活力。

第二节　圈群耦合，大中小城市协同向前

一、强化三大城市群的支柱作用和示范效应

一是健全城市群一体化发展机制，加快推动长三角、长江中游和成渝三大城市群"十四五"实施方案的编制与实施，健全城市群多层次协调机制和成本共担利益共享机制，提高一体化发展水平，进一步增强长江上游、中游、下游三大城市群的支柱效应；二是加快培育上海、苏锡常、南京、武汉、重庆等现代化都市圈，大力推进都市圈、城市群的协同耦合，增强城市群人口、经济承载能力，形成都市圈引领城市群、城市群支撑经济带的高质量发展空间动力系统；三是充分发挥长三角城市群的引领和示范效应，尤其是总结和推广长三角生态绿色一体化示范区建设、G60科创走廊建设、虹桥国际商务区综合开放等代表性实践经验，推动成渝城市群、长江中游城市群更高水平一体化发展。

二、依托高等级区域中心城市建设现代化都市圈

促进龙头城市上海和杭州、南京、成都、武汉、重庆、苏州、宁波、合肥、无锡、长沙等高级区域中心城市优化发展，推动开发建设方式从规模扩张向内涵提升转变，有序疏解中心城区一般性制

造业、区域性物流基地、专业市场等功能和设施，提升市政交通、生态环保和社区等治理能力，科学规划和发展郊区卫星城，增强区域中心城市功能和综合承载能力，加快编制实施都市圈发展规划，有序发展城际、市域（郊）铁路，构建现代化都市圈，建立都市圈常态化协商协调机制，增强区域中心城市对周边城市、省域乃至全长江经济带的引领和辐射效应。

三、推动一般区域中心城市向高级区域中心城市跃升

聚力城市特色、长板，聚焦发展短板、弱项，扬长补短，不断强化一般区域中心城市的中心城市功能和综合实力，尤其是要推动昆明、贵阳、南昌等中西部省会城市和常州、嘉兴、南通、赣州、温州等发展基础好、综合实力强的一般区域中心城市向高级区域中心城市跃升，增强其对周边城市和区域的辐射和带动能力。

四、激活低水平锁定效应突出的小城市发展新动能

充分发挥省会城市、区域中心城市的辐射带动作用，加快补齐中小城市、县城公共服务设施、环境基础设施、市政公用设施、产业配套设施短板弱项，激活雅安、昭通、眉山、池州、萍乡等低水平锁定效应突出的中小城市发展动能，强化经济带城市协同发展基石，改变中西部地区中心城市"一枝独秀"周边中小城市"萎靡不振"的不协调局面。

第三节　链链不舍，创新链产业链
资本链供应链联动发展

作为引领经济高质量发展主力军，需要持续增强流域经济协同发展能力，小协同推进产业基础高级化和产业链现代化，塑造创新驱动发展新优势。

一、三链融合，打造长江经济带世界级产业集群

以沿江国家级、省级开发区为载体，以大型企业为骨干，贯穿流域上下游的电子信息、高端装备、汽车、家电、纺织服装等世界级制造业集群初步形成。今后需要在以城市为尺度的产业集聚发展的本地集群政策基础上，从长江经济带流域视角出发，促进经济带内相关产业的创新链与产业链的跨地深度融合，产业链与供应链的融通对接，打造自主可控、分工合作、互动交流的长江经济带集群网络，强化集群发展的空间尺度效应、内部交流合作效应，实现从本地集群向经济带集群的等级跃升，增强与世界上先进集群合作交流的话语权，提升有效利用国外技术、资本的能力和效率，最终打破在全球价值链中的中低端锁定效应，扎实迈进全球价值链中高端。

二、三链联动，增强长江经济带高技术产业新动能

围绕产业链部署创新链、围绕创新链布局产业链、围绕产业

链、创新链布局资本链，切实发挥长江经济带上下游整体优势，实现创新链、产业链、资本链三链动态配合、联动发展，是增强长江经济带高技术产业发展新动能的必由之路。

建议由行业龙头企业、各地头部企业、国家战略科技力量牵头建立高新技术产业联盟，探索"联盟＋平台＋基金"的运作模式，推动创新链、产业链、资本链深度融合，打造协同创新驱动高质量发展体系。

第四节 网点交融，流域创新体系效能整体提升

长江经济带创新网络与作为重要节点的重要创新主体的有机交融，才能保障流域创新体系整体效能的提升。

一、高校创新体系支撑高水平科技自立自强

一流大学是基础研究的主力军和重大科技突破的策源地，要充分发挥长江经济带内一流高校、一流学科密集分布优势，抓住新文科、新工科、新医科、新农科建设契机，从国家、经济带急迫需要和长远需求出发，加快构建高质量高校科技创新体系，强化国家战略科技力量。加强原创性引领性科技攻关，强化基础研究，勇于攻克"卡脖子"的关键核心技术，加强产学研深度融合，促进科技成果转化，在全国坚决打赢关键核心技术攻坚战中发挥示范表率作用。与此同时，以一流高校创新体系加强创新型人才培养，重视科学精神、创新能力、批判性思维的培养培育，加大基础学科拔尖人

才、高层次紧缺人才培养力度。

二、创新联合体高效供给共性技术

电子信息、汽车制造、装备制造、化工、生物医药、新能源、新材料、大数据与人工智能等是长江经济带内各地普遍重点发展的共性主导产业，数字产业化与产业数字化交互的数字经济是长江经济带发展的整体要求，在此过程中，存在诸多关键共性技术问题，需要集合全流域的力量才能高效解决。打赢生态修复和保护攻坚战也需要在持续加强环境规制的基础上，依靠绿色科技创新从治本（技术上）解决问题。为此建议切实确立企业创新主体地位，增强企业创新动力，正向激励企业创新，反向倒逼企业创新，加快构建各行业龙头企业、各地头部企业牵头、高校与科研院所支撑、金融机构与中介组织积极参与、各创新主体相互协同的创新联合体，发展高效强大的长江经济带共性技术供给体系，提高科技创新的成功率与科技成果转移转化成效。

三、国家综合科学中心策源长江经济带创新驱动发展

在持续推进长江经济带内国家自主创新示范区、高科技园区协同联动，进一步增强南京、杭州、武汉、成都、合肥等节点城市的创新辐射与带动能力，激活上海张江、安徽合肥综合性国家科学中心的大科学装置在基础研究、重大应用研究领域的科技支撑作用，促进流域科创能力的整体提升的基础上，建议在中游（武汉）、上游（成渝联合）有序增设国家综合性国家科学中心，采取以重大科技基础设施为基础的创新集群建设布局及其在学科发展和产业辐射

上的相互促进模式，实现重大科技基础设施建设从独立运作迈向平台生态化运作，从传统经验型治理迈向现代高科技型治理，全面提升重大科技基础设施对长江记经济带科学研究和产业高质量发展的引领和支撑作用。

第五节　带路融合，培育全方位开放新优势

一、推动区域支点与"一带一路"倡议关键支点有效对接

境外经贸合作区是推进"一带一路"建设和国际产能合作的重要载体，突出港口城市、中心城市和境外经贸合作区的支点支撑作用，推动上海、重庆、武汉、成都等中心城市与国外交通基础设施高效连通，促进长江经济带重要区域支点与"一带一路"国外关键空间布点的有效对接，将长江经济带在汽车、摩托车、机械、电子、化工、纺织、服装等领域的产能优势与"一带一路"沿线国家发展需求有机衔接。加强区域之间的分工协作，进一步明确长三角城市群合作的重点是欧美等发达经济体，成渝城市群和滇中城市群合作的重点是东南亚和南亚，发挥集群优势，组团出海，有效促进长江经济带发展和共建"一带一路"融合。

二、推动自贸区协同共建陆海联动、双向开放新格局

加强沿海、沿江、内陆、沿边自贸试验区互动融合，协同共建

陆海联动、双向开放新格局。一方面，要以中国（上海）自由贸易试验区临港新片区建设为契机，深入推进贸易和投资自由化便利化，特别是要深化"放管服"改革，加快推广自贸区可复制的改革试点经验；另一方面，四川、云南等内陆和沿边自贸试验区要学习借鉴上海等沿海自贸试验区和国外自贸园区建设经验，在制度对接、产业协同、平台共建等方面与沿海自贸试验区建立合作对话机制，建立长江经济带上中下游、东中西部、国内国外开放平台对接机制。

三、加快构建西部陆海新通道融合开放发展新局面

一是加快补齐主通道和枢纽建设短板弱项，不断提升重庆物流和运营组织中心、成都国家重要商贸物流中心和广西北部湾国际门户港等沿线重要枢纽的服务能力，全面提升西部陆海新通道运行效率和能级，加速实现西部陆海新通道与中欧班列、长江黄金水道之间的无缝衔接；二是依托西部陆海新通道建设，建设成渝地区双城经济圈和北部湾城市群，壮大黔中、滇中等城市群，加快重点都市圈建设，依托区域内重要产业集群，组建产业发展联盟，搭建产业合作平台，携手面向国际招商、开拓国际市场、开展国际投资，加快培育西部通道经济增长极；三是依托"一带一路"沿线城市和国家物流枢纽节点建设，充分利用国际协定和平台，加强产业链合作、壮大国际合作园区和经济合作区加快资源要素聚集，拓展现代服务业态，联动沿线产业园区、边境经济合作区等，吸引现代商贸、国际贸易、跨境电商、高端制造等产业聚集发展，打造若干枢纽经济区。

第五章 长三角城市协同发展专题分析

　　长三角城市群是"一带一路"与长江经济带的重要交汇地带，在中国国家现代化建设大局和开放格局中具有举足轻重的战略地位。今日的长三角，积极贯彻落实习近平总书记重要讲话精神，紧扣"一体化"和"高质量"两个关键词，从顶层规划到实际推动都取得明显成果，一体化发展新局面正在形成。本章聚焦长三角城市协同发展主题，将分别就长三角协同发展态势分析、长三角一体化示范区案例、G60科创走廊建设三个专题进行探讨。

专题一：长三角协同发展态势分析

　　根据国家统计局以及长三角三省一市统计局近几年来公布的官方统计资料，本报告采用由经济发展、科技创新、交流服务、生态支撑四大领域共23项指标构成的评价指标体系，通过加权平均并求和，综合计算得出长三角41个地级及以上城市的整体及分专题领域协同发展能力，并在此基础上，对2021年长三角城市群整体及分领域协同发展能力的空间分布特征及其内在驱动因子，以及各领域协同发展能力间的相关关系等展开比较分析。

一、长三角城市协同发展能力整体水平较高

根据综合计算结果，整理得出 2021 年长三角城市群协同发展能力排行榜（见表 5 - 1）。从该榜单可以看出，排行榜的前 10 名分别为上海、杭州、南京、苏州、宁波、合肥、无锡、常州、镇江、嘉兴，最后 10 个城市则分别为池州、铜陵、淮北、六安、安庆、淮南、阜阳、亳州、宣城、宿州。总体来说，相对于江苏省、浙江省和上海市来说，安徽省绝大部分城市的排名均较为靠后，排名后十位的城市全都隶属安徽，仅省会城市合肥跻身前十，位居排行榜的第 6 名。从城市协同发展能力空间格局来看，长三角城市群协同发展能力依然呈现东高西低、省会城市和沿江沿海城市较高的态势。

表 5 - 1　　长三角城市协同发展能力排行榜（2021 年）

排名	城市	指数	排名	城市	指数	排名	城市	指数
1	上海	68.23	15	金华	14.00	29	蚌埠	10.03
2	杭州	40.22	16	台州	13.80	30	淮安	9.46
3	南京	39.14	17	芜湖	13.08	31	黄山	9.46
4	苏州	29.45	18	舟山	12.72	32	宿州	9.46
5	宁波	27.71	19	扬州	12.56	33	宣城	9.36
6	合肥	26.21	20	湖州	12.41	34	亳州	8.89
7	无锡	25.67	21	丽水	12.37	35	阜阳	8.64
8	常州	16.81	22	盐城	11.69	36	淮南	8.49
9	镇江	15.37	23	泰州	11.49	37	安庆	8.21
10	嘉兴	14.78	24	连云港	10.85	38	六安	7.42
11	温州	14.69	25	马鞍山	10.68	39	淮北	7.35
12	绍兴	14.53	26	滁州	10.25	40	铜陵	6.71
13	南通	14.41	27	衢州	10.25	41	池州	6.30
14	徐州	14.14	28	宿迁	10.11			

长三角城市群各地级市的协同发展能力与其位序近似服从 Zipf 的规模位序分布规律，得分的对数与其排序的拟合优度达到了 82.34%（见图 5 - 1）。然而，前三名城市和排名中上的城市协同能力明显偏离拟合的整体规模—位序分布曲线，这说明，在长三角城市群协同发展能力处于中上及以上水平的城市中，协同能力发展态势已拉开了差距，位处中上的城市协同发展能力亟待提高。另外，排名靠后的城市在协同发展能力上较拟合结果更优秀，呈现出追赶的趋势。由此可见，长三角城市群的整体协同发展能力仍有待提升。

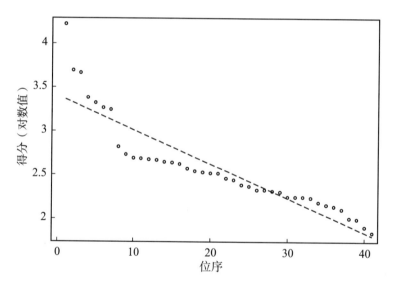

图 5 - 1　长三角城市群协同发展能力的得分—位序分布（2021 年）

根据本报告的现实数据，长三角城市群内部各城市间的协同发展能力差距仍然比较显著。我们使用自然断裂点分析方法，发现长三角城市群协同发展能力的自然断裂点分别为 41、25、13 和 10。据此，可以将长三角城市群 41 个地级及以上城市分为以下五个等级。

第一类城市：龙头城市（得分 68.23 分）。

上海的协同发展能力在长三角城市群 41 个地级及以上城市中位居榜首，是长三角协同发展的龙头城市。其中，在经济发展、科技创新、交流服务等领域的协同发展能力上，上海均具有绝对优势，仅在生态支撑协同发展能力上表现稍显逊色，但相比往年有所进步，列于排行榜上第 9 位。上海作为中国最大的经济中心，经济体量庞大，科技创新资源丰富，还具有辐射全流域的交通设施和生产性服务业，在辐射带动整个长江经济带的协同发展上也具有一定的制度创新与发展经验优势，对长三角城市群发展具有重大影响。

第二类城市：枢纽城市（得分 25 ~ 41 分）。

枢纽城市包括排名第 2 ~ 7 位的杭州、南京、苏州、宁波、合肥、无锡，共计 6 座城市。这 6 座城市在经济发展、科技创新、交流服务和生态支撑领域的平均得分分别为 41.22 分、29.28 分、52.72 分和 12.75 分。这些城市在经济发展、科技创新、交流服务领域拥有较为雄厚的基础，特别是科技创新和交流服务领域，各市均表现良好，并由此在协同发展能力排名中得以远胜除上海外的长三角其余城市。其中，杭州在当年实际使用外资金额、银行总行支行数等经济发展指标，从事科技活动人员数量等科技创新指标，以及机场客货运量等交流服务指标上处于领先地位，是长三角城市群重要的经济中心、科创中心和航空节点；南京在"双一流"建设学科数量、合作发明申请专利数量等科技创新指标，以及铁路班次数量等交流服务指标上处于领先地位，是长三角城市群重要的科创中心和铁路节点；苏州在综合 GDP 水平、社会消费品零售额等经济发展指标，财政科技支出额等科技创新指标，互联网用户数等交流服务指标上都处于领先地位，是长三角城市群重要的经济中心和网络交流节点，以及具有很大成长潜力的科创中心；宁波在全国制造业 500 强总部数、银行总行支行数等经济发展指标，合作发明申请专利数量等科技创新指标上较为领先，也是长三角南翼重要的经济中心和科创中心；合肥在财政科技支出额、"双一流"建设学科数量、科技人员数量等科技创新指标上表现较为良好，稳定发挥了作为国家三大综合性科学中心之一的科创能力培育作用，而在新基建发展水平上表现尤其突出，说明其构建信息基础设施网络、完善融合基础设施体系、大力建设创新基础设施的工作已见成效，合肥正成长为长三角影响力日益增强的科技创新重地；无锡在制造业 500 强总部数上高居榜首，作为全国制造业 500 强总部聚集地，是长三角地区重要的制造业服务中心。

而在弱势项生态支撑领域，这些城市均较往年进步，宁波、南京进入前五，分别位列第 3 名、第 5 名，无锡位列第 7 名，苏州、杭州、合肥 3 座城市表现仍有缺憾，处于中游水平。这在一定程度上说明，上述城市生态环境治理、生态文明建设、朝高质量发展转变的努力已逐渐显现成效。

第三类城市：重要节点城市（得分 13～25 分）。

重要节点城市包含排名第 8～17 位的常州、镇江、嘉兴、温州、绍兴、南通、徐州、金华、台州、芜湖共 10 座城市。这些城市在经济发展、科技创新、交流服务三大领域中的一个或多个方面，与枢纽城市之间存在较大差距，使得其在综合能力上更逊于枢纽城市，但这些城市往往在个别分专题领域表现突出，是长三角城市群的重要节点城市，例如镇江作为国家第一批生态文明先行示范区之一，多年的生态文明建设成效，反映在生态支撑领域得分上名列前茅，它是长三角城市群重要的生态文明建设模范城市；徐州作为中国第二大铁路枢纽，在交流服务领域表现较为良好，是辐射长三角城市群的重要交通枢纽。

第四类城市：一般节点城市（得分 10～13 分）。

一般节点城市包含第 18～29 位的舟山、扬州、湖州、丽水、盐城、泰州、连云港、马鞍山、滁州、衢州、宿迁、蚌埠共 12 座城市。这类城市总体协同能力并不突出，当前辐射带动能力相对较弱，是长三角城市群中的一般节点城市。不过，这些城市大多是地方性经济中心，在当地对其邻近区域具有一定的辐射带动能力；个别专业化的城市（如部分旅游城市、矿业城市）依赖当地某类自然禀赋，在个别领域有较强的对外服务功能，其未来的协同发展能力提升空间较大。

第五类城市：地方城市（得分＜10 分）。

地方城市包括第 30～41 位的淮安、黄山、宿州、宣城、亳州、阜阳、淮南、安庆、六安、淮北、铜陵、池州这 12 座城市。这类城市协同发展能力薄弱，与前四类城市相比差距显著。限制这类城市协同发展能力提高的因素主要有两个：一是经济基础薄弱，且在科技创新或生态保护等领域存在短板，发展内生动力不足，发展方式亟待转型；二是对外联系强度很低，交流服务能力较弱，几乎没有任何突出的对外服务功能，完全靠内生服务功能支撑。这类城市未来亟待补齐短板、增强对外联系，积极融入区域整体的协同发展。

二、长三角专题领域协同发展能力差异较大

为了更好地了解不同城市在协同发展能力评价中展现的优势和劣势，本报告将进一步分析长三角各城市在经济发展、科技创新、交流服务、生态保护等领域的协同发展能力，探讨其影响因素，并深入剖析四个领域协同能力的相关关系。

（一）长三角经济协同发展能力沿海向中西部递减

从长三角城市群经济协同发展能力排行榜中可以发现，上海的经济协同发展能力最为突出（见表5-2）。究其原因，一方面，上海具有长三角区域内最大的经济总量；另一方面，上海在吸纳外资上具有绝对优势，又汇聚了众多高等级对外协同联系功能要素（如银行、企业总部等）。而杭州通过改善投资营商环境，积极招商引资，大力推动金融业发展等方式成功地带动了当地的经济总量、制造业企业总部和金融机构的增长，成为长三角城市群重要的经济中心。长三角经济发展的节点城市苏州、无锡、宁波，以及省会城市

表5-2　　　长三角城市群经济协同发展能力排行榜（2021年）

排名	城市	指数	排名	城市	指数	排名	城市	指数
1	上海	88.54	15	徐州	18.77	29	宿迁	10.03
2	杭州	53.23	16	镇江	18.75	30	宣城	9.36
3	苏州	46.54	17	扬州	18.70	31	衢州	9.28
4	无锡	43.89	18	金华	18.06	32	安庆	8.69
5	宁波	40.35	19	芜湖	17.78	33	铜陵	8.55
6	南京	35.80	20	泰州	16.86	34	阜阳	8.39
7	合肥	27.53	21	盐城	15.78	35	亳州	7.62
8	绍兴	26.10	22	马鞍山	14.10	36	黄山	7.43
9	南通	25.60	23	舟山	13.17	37	宿州	7.41
10	常州	25.51	24	淮安	13.05	38	池州	6.90
11	嘉兴	25.02	25	滁州	12.84	39	淮北	6.89
12	温州	22.37	26	连云港	11.34	40	六安	6.63
13	台州	19.18	27	蚌埠	10.83	41	淮南	6.08
14	湖州	18.79	28	丽水	10.25			

南京、合肥也都具有十分强大的经济协同发展能力。六安、淮南等区位较差、经济较为落后的城市其经济协同发展能力较弱。从空间分布来看，经济协同发展能力较高的城市均集中分布在东南方向的沿海一带，即上海市、江苏省和浙江省的城市，而经济协同发展能力较为落后的城市多为城市群中西部的安徽省部分城市。

（二）长三角科创协同发展能力内部两极分化严重

从长三角城市群科创协同发展能力排行榜来看，上海、南京、杭州、合肥、苏州等高校及研究机构密集或创新型企业集聚、创新资源丰富、创新平台建设较完善的城市科技创新协同发展能力表现最为突出（见表5－3）。上海高度重视对科技创新的财政与人员投入，本身也汇聚了海量的科创资源，高校与科研机构云集更是为其科创能力基础培育发挥显著作用。南京着力建设创新名城，其开放集聚创新资源，深度融入全球创新网络，与一批创新大国、科技强国建立长期稳定合作关系，布局建设一批海外协同创新中心和人才驿站等举措已取得显著成效。杭州大力增加财政科技支出，健全科技创新企业培育体系，广泛吸纳科技创新人才，完善科技创新软硬环境，在企业培育质效、人才队伍集聚、创新环境建设等方面均已取得良好成效。合肥结合自身传统的科创资源，同时通过打造合肥高新技术产业开发区等国家级自主创新试验区，在科技创新的协同发展领域也取得长足进展。苏州、宁波虽然大学数量较少，在"双一流"学科建设上具有明显劣势，但是凭借对科技创新的巨额财政投入和对创新型企业的积极引进，在合作专利等领域已经取得不俗的成就，成为长三角城市群内新兴的科创中心。无锡也凭借在超级计算产业、物联网产业、光伏产业等方面的竞争优势，位居长三角城市群科技创新协同发展能力榜第 7 名。而池州、亳州等城市创新投入较少，创新基础培育能力弱，创新产出显著不足，创新人才缺乏，因此科技创新协同发展能力较差。

表 5 - 3　　　　长三角城市群科创协同发展能力排行榜（2021 年）

排名	城市	指数	排名	城市	指数	排名	城市	指数
1	上海	95.48	15	连云港	4.78	29	蚌埠	1.73
2	南京	46.79	16	温州	4.26	30	丽水	1.41
3	杭州	39.01	17	盐城	4.01	31	安庆	1.34
4	合肥	29.50	18	镇江	3.80	32	宣城	1.29
5	苏州	25.76	19	徐州	3.71	33	淮南	1.28
6	宁波	23.02	20	泰州	3.30	34	铜陵	1.20
7	无锡	11.60	21	金华	3.17	35	舟山	1.07
8	绍兴	7.75	22	马鞍山	2.86	36	阜阳	1.05
9	南通	6.95	23	湖州	2.65	37	黄山	1.01
10	扬州	5.79	24	淮安	2.28	38	淮北	0.88
11	常州	5.76	25	滁州	2.21	39	宿州	0.74
12	嘉兴	5.76	26	六安	2.18	40	池州	0.57
13	台州	5.22	27	衢州	1.98	41	亳州	0.45
14	芜湖	4.92	28	宿迁	1.77			

（三）长三角城市交流服务能力整体水平较高

从长三角城市群交流服务能力排行榜中可以看出，上海、杭州、南京、无锡、苏州等区位重要、基础设施完善的城市交流服务协同发展能力突出（见表 5 - 4）。其中，杭州、南京凭借在各自省内较高的集散能力和较高级别的基础设施配置，高居长三角城市群交流服务协同发展能力的前三强。无锡、苏州、合肥分别依赖各自在航空运输、互联网服务及新基建建设方面的优势，也具有较强的交流服务协同发展能力。淮北、淮安等城市在铁路运输、航空运输上劣势明显，新基建建设与互联网服务尚不完善，对外交通联系不便，在交流服务协同发展能力方面排名靠后。

表 5 – 4　　　　　长三角城市群交流服务能力排行榜（2021 年）

排名	城市	指数	排名	城市	指数	排名	城市	指数
1	上海	89.01	15	湖州	27.12	29	舟山	20.07
2	杭州	72.90	16	台州	25.73	30	阜阳	19.67
3	南京	67.78	17	宿州	25.70	31	盐城	19.38
4	无锡	45.43	18	衢州	25.69	32	泰州	17.85
5	苏州	45.12	19	丽水	25.55	33	安庆	16.75
6	合肥	44.91	20	蚌埠	23.01	34	淮南	16.38
7	宁波	40.16	21	绍兴	22.85	35	连云港	16.35
8	徐州	36.71	22	马鞍山	21.61	36	六安	16.24
9	金华	33.82	23	南通	21.52	37	扬州	15.00
10	温州	30.66	24	宣城	20.98	38	铜陵	14.69
11	镇江	29.37	25	黄山	20.87	39	池州	12.79
12	芜湖	28.81	26	宿迁	20.71	40	淮北	12.66
13	常州	28.18	27	亳州	20.66	41	淮安	11.62
14	嘉兴	28.07	28	滁州	20.09			

(四) 长三角城市生态支撑协同能力有所提升

在长三角生态支撑协同发展能力排行榜中,舟山、丽水、宁波的生态协同发展能力位居前三 (见表 5 - 5)。舟山近些年来把生态文明建设放在突出地位,在推行"双碳"行动方面表现积极,重视环保固定资产投资,在能耗和污染控制上也表现良好。丽水生态环境质量保持良好,又在 2019 年初成为全国首个生态产品价值实现机制试点市,至今生态产品价值实现机制试点已取得阶段性明显成效,助力其早日实现"双碳"行动目标。宁波在环境污染整治上持续发力,环境空气常规污染物水平已实现多年达标,也因此宁波在本次的空气质量排行上名列榜首。镇江、南京、常州、无锡等城市也分别凭借其在防灾减灾能力、单位能耗、"双碳"行动开展方面的良好表现,为长三角城市群的生态协同能力发展做出了重要贡献。苏州、杭州、合肥等经济发展水平较高、创新发展能力突出的城市在生态协同发展领域表现平平,三市分别凭借在灾害损失值、"双碳"行动开展、单位耗电量上较为良好的表现而升至中游,但又分别在环保投入和单位耗电量、防灾减灾能力、"双碳"行动表现方面具有短板,空气质量更是亟待改善。徐州、铜陵等资源型城市则在"双碳"行动推进上存在障碍,对环保固定资产投资不足,且防灾减灾能力较弱,空气质量也不够良好,在生态保护领域表现较差。这些城市亟待加大对生态文明建设的资源投入,并推动生产生活方式绿色转型;加快推进韧性城市建设,提高城市防灾减灾能力,同时加强环境污染排放治理。

表5-5　　　长三角城市群生态支撑能力排行榜（2021年）

排名	城市	指数	排名	城市	指数	排名	城市	指数
1	舟山	19.17	15	盐城	11.51	29	安庆	9.06
2	丽水	15.95	16	宿迁	11.44	30	马鞍山	8.94
3	宁波	15.67	17	苏州	11.29	31	金华	8.91
4	镇江	15.36	18	杭州	10.95	32	衢州	8.86
5	南京	14.61	19	台州	10.85	33	宿州	8.72
6	常州	14.47	20	淮北	10.58	34	嘉兴	8.11
7	无锡	14.43	21	亳州	10.34	35	湖州	8.11
8	扬州	13.61	22	滁州	10.01	36	绍兴	8.03
9	上海	13.60	23	宣城	9.67	37	芜湖	7.62
10	连云港	12.91	24	南通	9.65	38	六安	7.30
11	淮安	12.82	25	合肥	9.57	39	池州	7.30
12	淮南	12.05	26	温州	9.33	40	徐州	6.43
13	泰州	11.84	27	蚌埠	9.15	41	铜陵	5.66
14	黄山	11.67	28	阜阳	9.06			

以上事实说明，长三角内部城市之间生态支撑领域协同能力存在较大差异，其中，发展水平较高的城市主要是经济发展水平处于中游及以上，并在推进"双碳"行动、能耗或污染排放，或防灾减灾三方面各有所长的城市，以舟山、丽水、宁波、镇江为代表；而生态协同发展能力较差的城市多集中在那些经济发展水平处于中游及以下，城市韧性较差、污染较严重，传统制造业集聚的资源型地区。值得注意的是，以往在生态支撑领域表现不尽如人意的龙头城市和枢纽城市，在此次排行榜中的名次有所提升，表明了这些在其他协同发展领域表现良好的城市积极响应国家政策，探索绿色发展转型之道的努力；同时也说明，长三角城市群内部生态支撑协同发

展的不平衡形势有所改观，上述城市在未来有可能成长为以高质量发展方式带动自身发展与区域生态协同的关键节点。然而，资源型地区在实现绿色发展转型、参与区域生态协同发展上如何摆脱困境，缩小与区域内其他城市间生态协同发展能力的差距，仍然是长三角城市群生态协同发展需要解决的难题。

（五）长三角不同领域协同能力相辅相成

经济发展、科技创新、交流服务、生态支撑四个领域的协同发展能力相辅相成，呈现出相关关系。长三角城市群不同领域协同能力相互关系表明，经济发展、科技创新以及交流服务这三个领域的协同发展能力，两两之间呈现十分显著的正相关关系（见图5－2）。其中，交流服务能力与科技创新能力呈现出显著的正相关关系，相关系数最高，为0.91；经济发展能力与科技创新能力呈显著的正相关关系，相关系数次高，达0.90；此外，经济发展能力与交流服务能力也呈现出显著的正相关关系，其相关系数为0.90。图5－2还表明，长三角城市的生态协同发展能力与其他三个领域协同发展能力呈现出较弱的正相关关系。生态支撑能力与经济发展、科技创新、交流服务这三个领域协同发展能力的相关系数分别为0.29、0.26和0.23。这说明，经济发展水平的提高、科创能力的进步和基础设施建设条件的改善会在一定程度上有助于生态改善，而生态改善反过来也会在一定程度上促进前三者的发展。但这一过程不是自动自发的，需要政府出台相关的协同发展战略措施，推动经济发展方式与动力的转变，鼓励绿色技术的研发、改进和应用、推广，完善绿色节能新基础设施建设，保障排放交易、生态补偿等机制高效实施，构建经济发展、科技创新、交流服务与生态支撑四者之间的协调互促机制。

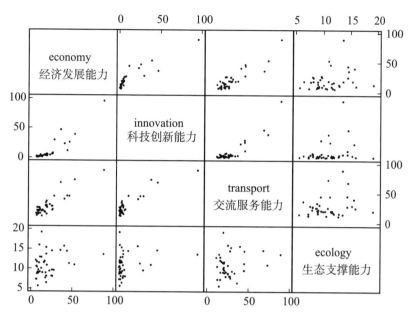

图 5-2　长三角城市群协同发展能力四个专题领域相关关系（2021 年）

三、主要结论与发现

本专题对 2021 年长三角城市群的协同发展能力进行了综合评价。在对长三角协同发展所取得成就进行总结的基础上，提出长三角城市群协同发展面临的三大难题。

（一）长三角城市群协同发展初见成效

一是长三角城市综合协同发展能力较强。同长江经济带 110 个城市相比，长三角城市群的综合协同发展能力较强，长三角城市群 41 个城市的得分平均值为 15.55 分，比长江经济带 110 个城市平得分平均值高出 3 分，体现长三角城市群综合协同发展能力在长江经济带中处于较高水平。长三角城市群对整个经济带的引领作用较强。尤其是经济发展、科技创新和交流服务领域对长江经济带的发展起到引领作用，三个分领域平均分分别为 19.80 分（经济发展领域)、9. 03 分(科技创新领域)、28. 11 分(交流服务领域),分别高出长江经济带各领域平均分为 5. 67 分、3. 79 分和 3. 92 分,然而生态支撑领域平均分(10. 84 分)却低于长江经济带平均分(11. 03 分),生态支撑领域引领不足。

二是长三角城市体系呈橄榄型方向。长三角城市协同发展能力指数(2021 年)表明,城市之间的协同发展能力存在着显著的等级差异,五个等级城市呈橄榄型方向。龙头城市 1 座,枢纽城市 6 座,重要节点城市 10 座,一般枢纽城市 12 座,地方城市 12 座,等级分布合理。

三是四个专题领域呈相互促进态势。长三角城市群的四个专题领域,两两之间呈现出十分显著的正相关关系,经济发展、科技创新、交流服务、生态保护四个领域的协同发展表现出相互促进的态势,高质量、绿色协同的发展路径初显成效。

(二) 长三角城市群协同发展仍面临三大难题

一是生态协同能力亟待提升。在长江经济带中,长三角城市群在经济发展、科技创新、交流服务三个领域均处于领先水平,而生态支撑领域却处于平均值以下。龙头城市上海在经济发展、科技创新、交流服务三大领域已接近或达到世界先进水平,但生态支撑领域得分仅为 13. 60 分。这表明长三角城市群生态支撑短板问题仍然突出,生态环境综合治理与保护仍是长三角协同发展的首要任务。

二是创新领域袭夺效应明显。41 座城市中科创协同能力排位第一的上海得分高达 95. 48 分,接近国际水平,而排在末位的亳州得分仅为 0. 45 分。此外,41 座城市中,仅前 6 位城市科创领域得分超过 10 分,可见长三角城市群的科创协同能力仅处于引领地位的几座城市较高,其余85%的城市科创协同发展水平仍有待于进一步提升。

三是城市群内部协同发展能力高度分异化。从城市群内部总的格局来看，相对于江苏省、浙江省和上海市来说，安徽省绝大部分城市的排名均较为靠后。长三角城市群内部协同发展的高度分异化，将严重阻碍长三角一体化高质量发展的进程，未来长三角仍需进一步提升城市群内部的差异化协同发展水平。

专题二：长三角一体化示范区案例

党中央、国务院印发的《长江三角洲区域一体化发展规划纲要》（以下简称《规划纲要》），明确提出以上海青浦、江苏吴江、浙江嘉善为载体，建设长三角生态绿色一体化发展示范区（以下简称示范区），为长三角一体化发展探索路径和提供示范。示范区浙江片区建设要充分发挥浙江优势、体现浙江特色，充分挖掘区域价值、生态价值、人文价值、潜在空间价值，打造潜力无限的"未来之城"。长三角生态绿色一体化发展示范区范围包括上海市青浦区、江苏省苏州市吴江区、浙江省嘉兴市嘉善县，面积2 300多平方公里，其中，青浦676平方公里，吴江1 092平方公里，嘉善506平方公里。同时，在三个区县中选择五个镇作为先行启动区，面积约660平方公里。其中，上海部分涉及青浦的金泽镇、朱家角镇，江苏部分涉及吴江的黎里镇，浙江部分涉及嘉善的西塘镇、姚庄镇。

一、发展历程

在2018年首届中国国际进口博览会开幕式上，习近平总书记宣布支持长江三角洲区域一体化发展并上升为国家战略。长三角生态绿色一体化发展示范区是实施长三角一体化发展国家战略的重要抓手和突破口。示范区将按照党中央、国务院的战略部署，认真落实总体方案的各项任务要求，率先探索将生态优势转化为经济社会发展优势、从项目协同走向区域一体化制度创新，全力打造成为生态优势转化新标杆、绿色创新发展新高地、改革开放新高地、人与自然和谐宜居新典范，奋力走出一条跨行政区域共建共享、生态文明与经济社会发展相得益彰的新路径。

2019 年 2 月，《青浦、吴江、嘉善 2019 年一体化发展工作方案》正式发布，初步确定了规划契合、设施汇合、产业耦合、功能聚合、治理融合、环保联合、保障配合七个方面 51 项重点工作。根据方案，三地将共同开展沪苏浙毗邻区域概念性规划研究，编制毗邻区域现状图，制定共创淀山湖国家旅游区方案和环淀山湖岸线贯通精品方案，开展元荡岸线利用管理和水质提升规划编制前期研究。

2019 年 10 月 9 日，上海市委书记李强在青浦区调研长三角生态绿色一体化发展示范区建设推进情况时指出，当前，三项新的重大任务已经进入密集施工期，要深入贯彻落实习近平总书记考察上海重要讲话精神，全力抓好《规划纲要》贯彻落实，以时不我待、只争朝夕的精神状态和使命担当，努力把长三角生态绿色一体化发展示范区打造成为改革开放新高地、生态价值新高地、创新经济新高地、人居品质新高地。上海落实长三角一体化发展国家战略有力有序，要按照中央部署要求，聚焦"四个新高地"的战略定位，加快推进长三角生态绿色一体化发展示范区建设。

2019 年 10 月 24 日，嘉善县、青浦区、吴江区签订三地战略合作协议。签约后，三地将进一步促进规划互融互合、政策互促互进、产业互对互接、活动互参互办，加强区域交流合作，推进智能制造提升工作，共同助力长三角生态绿色一体化发展示范区建设。

2019 年 10 月 29 日，中国政府网公布了《国务院关于长三角生态绿色一体化发展示范区总体方案的批复》，批复显示，国务院原则同意《长三角生态绿色一体化发展示范区总体方案》（以下简称《方案》），请认真组织实施。批复同时指出，《方案》实施要实现绿色经济、高品质生活、可持续发展有机统一，走出一条跨行政区域共建共享、生态文明与经济社会发展相得益彰的新路径。2019 年 11 月 1 日，长三角生态绿色一体化发展示范区正式揭牌。长三角生态绿色一体化发展示范区建设推进大会在位于示范区的上海青浦举行，沪苏浙三地深入贯彻习近平总书记重要指示精神，共同拉开示范区建设大幕，共同开启长三角更高质量一体化发展新征程。上海市委书记李强、江苏省委书记娄勤俭、浙江省委书记车俊出席会议并讲话，共同为长三角生态绿色一体化发展示范区、长三角生态绿色一体化发展示范区理事会和长三角生态绿色一体化发展示范区执行委员会揭牌。

随着《规划纲要》的实施及长三角生态绿色一体化发展示范区的正式揭牌，长三角一体化发展国家战略进入了加快推进新阶段。作为先手棋、突破口，按照 2025 年、2035 年两个时间节点，长三角生态绿色一体化发展示范区将建设成为改革开放新高地、生态价值新高地、创新经济新高地、人居品质新高地，成为贯彻新发展理念的新标杆、一体化体制机制的试验田、引领长三角更高质量一体化发展的新引擎。

二、行动计划

长三角生态绿色一体化发展示范区一方面要打造生态价值新高

地。充分体现生态文明建设要求，建立严格的生态保护体系，加快推进"＋生态"和"生态＋"，将自然生态优势转化为经济社会发展优势。另一方面，要打造创新经济新高地。发展新一代信息技术、生命健康、高端服务、文旅休闲、绿色生态农业等主导产业，形成具有高显示度和核心竞争力的产业集群。

在"长三角生态绿色一体化发展示范区"，可充分发挥这一区域河网纵横、江南水乡特质显著的优势，在生态优先、绿色发展上做标杆，在建立健全生态环境共保联治机制上做示范。可按照区域最高标准、国际先进标准的要求，启动以下三个示范。

一是一体化规划示范。在统一编制示范区建设规划基础上，统一编制示范区生态环境专项规划，突出四个统一，即污染防治标准统一、垃圾分类处置标准统一、生态景观建设标准统一、高标准农田建设标准统一。

二是一体化治理示范。重点围绕淀山湖和黄浦江上游流域的治理，加强一体化整治，进一步推进工厂进园区、农药化肥减量化，坚决淘汰有污染且治理能力弱的项目。高标准推进村庄综合环境整治，建设一批最美村庄。

三是一体化保护示范。主要围绕淀山湖、黄浦江上游河道、基本农田保护区、湿地等，建立联合执法机制，做到统一巡查，共享环境监测数据，对企业排污、生活排污、农药化肥使用、废弃物处置，实行最严格的监控和统一标准的处置。

长三角生态绿色一体化发展示范区将聚焦规划管理、生态保护、土地管理、项目管理、要素流动、财税分享、公共服务政策、公共信用等方面，率先在示范区先行启动区探索一体化发展制度创新，形成区域一体化发展的共同行为准则。共同编制一体化示范区国土空间规划和各类专项规划，实现"一张蓝图"管全域；建立统一的规划管理信息平台，实现"一个平台"管实施。探索统一的生态环境保护制度，沪苏浙共同制定实施示范区饮用水水源保护法规；建立统一的主要水体生态管控制度；在统一的生态环境目标下，探索生态治理新机制等。

示范区将重点打造以下四个体系。

一是共筑协调共生的生态体系，重点是加强区域生态廊道建设，扎实推进水污染防治、水生态修复，切实加强跨区域河湖水源地保护，提升淀山湖、元荡、汾湖沿线生态品质，建设世界著名湖区。

二是搭建绿色创新的发展体系，建设低碳发展先行区，全面创建生态工业园区，积极引入高科技产业，打造示范区环保科技孵化基地，建设生态健康农业示范区，研究建立绿色 GEP 核算和跟踪评价体系，创新绿色金融等投融资机制。

三是建立统筹协调的环境制度体系，探索建立可示范推广的创新制度。制定示范区饮用水水源保护法规，建立示范区统一的生态红线管控制度，统一划分生态空间管控单元，推进环评与排污许可两证合一改革。

四是完善集成一体的环境管理体系，推进标准、监测、监管"三统一"，建立协调高效的一体化环境管理体系。

此外，长三角生态绿色一体化发展示范区内将加强政策协同，实行不受行政区划和户籍身份限制的公共服务政策。示范区将建立区内公共服务便捷共享制度，推进实施统一的基本医疗保险政策，逐步实现药品目录、诊疗项目和医疗服务设施目录的统一。示范区内还将探索组建跨区域医疗联合体，建立区内居民在医疗联合体范围内就医的绿色通道。完善医保异地结算机制，逐步实现异地住院、急诊、门诊直接结算。示范区将鼓励老人异地养老，实现市民卡及老人卡互认互用。同时，鼓励知名品牌养老服务机构在区内布局设点或托管经营，建立跨区域养老服务补贴制度。当前，上海片区、浙江片区、苏州片区分别提出了各自的行动计划。

上海片区：

一方面，要打造生态价值新高地。充分体现生态文明建设要求，建立严格的生态保护体系，加快推进"＋生态"和"生态＋"，将自然生态优势转化为经济社会发展优势。另一方面，要打造创新经济新高地。发展新一代信息技术、生命健康、高端服务、文旅休闲、绿色生态农业等主导产业，形成具有高显示度和核心竞争力的产业集群。

一体化示范区将聚焦规划管理、生态保护、土地管理、项目管理、要素流动、财税分享、公共服务政策、公共信用等方面，率先在示范区先行启动区探索一体化发展制度创新，形成区域一体化发展的共同行为准则。共同编制一体化示范区国土空间规划和各类专项规划，实现"一张蓝图"管全域；建立统一的规划管理信息平台，实现"一个平台"管实施。探索统一的生态环境保护制度，沪苏浙共同制定实施示范区饮用水水源保护法规；建立统一的主要水体生态管控制度；在统一的生态环境目标下，探索生态治理新机制等。

浙江片区：

一是坚持生态为基。"示范区"是以生态绿色为前提的高质量发展区域，浙江片区内河网阡陌、湖荡散落，基本维持着中国传统田园水乡风貌，是长三角重要的区域绿心地区，区内有太浦河水源地等生态保护区域。需将"生态底线"前置为"生态前提"，科学测定资源环境承载极限，充分考虑湖荡水网系统及水源地"蓝色空间"保护体系，为区域发展框定基础底线。

二是坚持创新强核。科技创新是未来"示范区"重点发展的主导功能，是彰显"示范区"吸引力、创造力、竞争力的核心所在。浙江片区目前高新技术产业占比高，科技创新主体数量和成果数量都较少，创新型人才尤其是高素质科技人才十分短缺，与长三角城市重要的创新平台、创新主体合作不够深入和紧密。因此，建议"示范区"加速高端高新产业的集聚发展，强化创新人才引育，完善开放创新协同机制，加快科技成果转移转化，建设世界级创新活力湖区。

三是坚持文化赋能。"示范区"境内河湖交错、古镇密布，是江南水乡文化的精华所在，在中华经济脉络、文化脉络和人居脉络等传统文化中占有重要的地位，同时嘉兴地区更是中国"红船精神"的摇篮，对中国现代文化的影响极其深远。因此，浙江片区要传承江南文化优秀传统，提炼现代江南文化的精神价值与内涵，保护和发扬好长三角地区的共有基因，扩大文化影响力，构建古今兼纳的江南文化精神家园。

四是坚持设施提质。目前，浙江片区的交通支撑条件非常薄弱，先行启动区西塘镇和姚庄镇的交通短板最为突出，仅有申嘉湖高速一条高等级道路沿先行启动区外围边界穿越。嘉善与上海在教育、医疗等方面的一般性合作项目不少，但知名学校或医院到嘉善设立分校及分院的紧密型合作项目不多，同时，嘉善在城市形象、服务品质等方面与青浦和吴江差距相对较大，优质公共服务资源依然匮乏。因此，浙江片区亟须加密路网、提升道路等级，改善交通条件，引入国际化标准的城市配套，实现高品质公共服务全覆盖，营造创新创业环境，吸引上海、杭州以及国内外要素资源集聚，构建质效双优的服务设施保障体系。

五是坚持空间塑形。目前，浙江片区发展重心主要集中在嘉善县域南部，高铁新城、经济技术开发区等大平台均位于南部，县域空间结构也是围绕南部的中心、节点、廊道构建。随着"示范区"建设的加速推进，未来发展重心将更多转向北部区域，建议以淀山湖为中心，依据湖体水网密度、生态敏感度，形成圈层扩散式布局，构建城镇密集地区低密度组团式发展模式，实现生态文明时代"诗意的栖居"。

六是坚持体制通脉。充分借鉴浙江省在"最多跑一次"改革、农村土地改革、空间规划改革等方面的经验，统筹协调沪苏浙三省在深化市场经济体制改革、深化生态文明制度建设、深入实施乡村振兴战略等一系列改革创新成果，形成制度创新的集成和叠加，力争释放更大的改革红利。聚焦规划管理、土地管理、投资管理、要素流动、财税分享、公共服务政策、生态管控、公共信用等方面，加快探索区域一体化体制机制，率先突破一体化制度瓶颈，形成一批可复制可推广的制度创新成果和先行先试经验。

苏州片区：

汾湖高新技术产业开发区地处长三角生态绿色一体化发展示范区核心位置，成为长三角生态绿色一体化示范区的"C位"。

一是突出生态优先，彰显"融"的鲜明底色。高水平建设长三角生态绿色一体化发展示范区，"生态绿色"是最重要的任务，提出四大要点：要率先探索将生态优势转化为经济社会发展优势，实现更有内涵、更高质量的发展。要把"水的文章"做好、做活，打造吸引国际国内一流企业、一流人才的"金字招牌"。要以"一河三湖"为重点，大力推进周边及沿岸地区工业点源污染治理；加快建立推动跨区域生态补偿、污染损害赔偿等协调机制。要注重把推动长三角一体化与实施乡村振兴战略紧密结合起来，努力探索做强集体经济的"绿色"新路径。

二是产业协同创新，激发"融"的强劲动能。要依托目前良好的产业基础，积极对接上海、加强区域合作，把优势放大，把特色做亮，融出发展的强大活力和空间。要融进规划，聚焦区域一体化，围绕数字经济、创新经济、湖区经济、总部经济，做好产业定位与产业衔接。要融出创新，有效利用上海打造国际科创中心的外溢效应，积极吸引契合本地发展实际需要的高端人才、前沿技术；要融好项目，牢牢抓住项目建设这个"牛鼻子"，抓有效投入、抓产业招商，持续夯实制造业发展基础，做大做强实体经济。

三是民生推动共建共享，打造幸福家园。民生改善无止境，要让群众切身感受到一体化带来的获得感、幸福感。要以示范区建设来引领和推动区域公共服务一体化，共同加大投入、深度融合、互认共享，积极探索一批具有示范效应的优质公共服务，让有限的资源发挥出最高的效率。要拿出更多便民惠民举措，积极打造同城化的便捷生活圈。

三、问题与对策

长三角生态绿色一体化发展示范区当前主要存在以下问题。

第一，示范区的发展基础较为薄弱。长三角一体化绿色示范区的"两区一县"位于江浙沪三省市的交界地区，与上海、苏州、嘉兴等中心城区相比，一是经济发展水平偏低，2020 年青浦区、吴江区和嘉善县的 GDP 分别是 1 194 亿元、2 003 亿元和 656 亿元，而周边的昆山市为 4 250 亿元，远高于示范区"两区一县"的总和。二是传统产业占比较大，高新技术产业等新兴产业发展的基础较为薄弱。如在高新技术企业数量上，2019 年青浦区高新技术企业 478 家，而毗邻的嘉定区是其的两倍。三是缺少世界一流科研院所。虽然拥有清华长三角研究院、东华大学苏州纺织产业研究院、上海北斗导航创新研究院等研究机构，但数量上依然不足。示范区内国家级科技园区和众创空间较少，科技孵化能力偏低。此外，示范区周边 100 公里范围内分布着虹桥商务区、苏州工业园等众多功能区，对资金、技术、人才等的虹吸效应明显。四是研发投入较低。青浦区、吴江区和嘉善县的全社会研发投入占比均分别低于所在的上海、苏州和嘉兴市的水平。

第二，示范区缺乏成熟的模式和经验。长三角生态绿色一体化发展示范区是我国第一次跨省建立的以经济社会的全面高质量发展为目标的一体化发展示范区。示范区需要"两区一县"共同投入、共同建设和共同治理，如何在不破行政隶属前提下而有效打破行政壁垒，如何将生态优势转化为经济社会发展优势，如何实现区域分工合作和利益平衡新机制，从而走出一条跨行政区域共建共享、生态文明与经济社会发展相得益彰的新路是一体化示范区的建设重点，但目前可借鉴的国内外经验不足，需要示范区在跨行政区域的范围内进行探索与创新。

第三，示范区财税分享存在难题。一是"两区一县"的财力、体制存在一定差异。2020 年青浦区全年一般公共预算收入为 583.09 亿元，分别是吴江区和嘉善县的 2.47 倍和 8.12 倍，这加大了统筹协调难度。此外，示范区内的两区一县财税体制也存在差异。青浦区是三级财政，吴江区则是四级财政，而嘉善县是省管县的体制，也是三级财政。二是"两区一县"的财税扶持政策存在较大差异，加剧了政府间的税收竞争，又导致产业结构雷同，难以实现错位竞争和资源的最优配置。

针对以上不足，提出以下建议。

第一，加快体制机制创新步伐。探索建立市场一体化发展机制，打造统一的市场管理体制，以制度、标准、政策、法规的充分对接突破市场壁垒，统一市场准入规则、商品认证体系、政府采购程序以及且资质审批等管理体制，共同推进要素交易市场建设，打破资本、人才、技术市场的分割。共建信用监测平台、跨地区、跨部门共享信用信息，实施区域奖惩联动机制。深化企业服务信息共享，实现工商审批、登记许可等服务跨区共享。

第二，构建生态型创新产业体系。以华为研发中心、安谋科技人工智能业务总部落户青浦为契机，依托生态优势、人才优势和成本优势，重点引进和发展新一代信息技术、高端装备、生物医药、新能源汽车等企业研发总部，支持跨国公司在一体化示范区设立区域研发中心、实验室和开放式创新平台，着力打造高新技术总部基地。依托国家会展中心，把握进博会机遇，聚焦顶尖会展、会务及功能性服务贸易及跨境电商平台，引进和培育一批具有国际竞争力和市场活力的会展业主体。

第三，完善一体化财税分享机制。在示范区范围内探索建立重大政府投资项目分担机制，按照苏浙沪两省一市土地贡献、工程量不同、受益面差异等因素，寻找投入与收益平衡点，构建符合各方利益的投入分担机制，促进区域统筹协调发展、共享发展。根据总部经济、园区经济、飞地经济等不同合作方式，参考分税制模式，具体协商跨区域发展中责任与利益分配机制。根据企业在孵化成长、兼并重组、转移搬迁等不同发展阶段产生的跨地区经营需求，协商制定利益分配模式，共享企业发展红利，如对于合理迁移产业项目，以企业迁移时上一年度所缴税收形成的实得财力为基数，对基数以内部分和增量部分，约定一定比例由迁入地和迁出地分享。探索跨地区发展中主要经济指标的分享办法，以平等合作、共同促进为原则，合理分配，共享经济发展指标，形成权责对等的区域合作模式。

四、实施成效

长三角一体化发展具有极大的区域带动和示范作用，生态绿色一体化是题中应有之义。绿水青山就是金山银山，长三角地区要坚定不移走以生态优先、绿色发展为导向的高质量发展新路，以"大机制"推进"大保护"，全力打造长三角生态优先绿色发展样板区。让百姓过上更美好的生活，是长三角一体化发展的重要意义所在。绿色，应成为长三角区域发展的底色。地缘相近、水气相连，三省一市要牢固树立绿水青山就是金山银山理念，保持战略定力，把生态必须优先作为"红线"和第一位要求，把发展必须绿色作为"底线"和最根本出路，在一体化发展中共建共享绿色美丽长三角。要认真贯彻以习近平同志为核心的党中央决策部署，守初心、担使命，主动融入长三角一体化发展国家战略，坚持推动高质量发展，全面抓好突出生态环境问题整改落实，打造生态样板。

打造长三角生态优先绿色发展样板区，要强化落实生态优先、绿色发展理念。环境污染表现在水里、空气里，但根子却在生产生活中。不搞大开发不是不要开发，而是不搞破坏性开发，要走生态优先、绿色发展之路。绿色发展是构建现代化经济体系的必然要求，是解决污染问题的根本之策。长三角地区推进绿色发展，要强化创新驱动，调整优化产业、能源、运输、用地等结构，突出"高""新""绿"产业导向，做到"水清岸绿产业优"，形成绿色生产生活方式，从而实现生态环境与高质量发展的有机统一。

长三角区域生态环境正持续向好。长江流域水质优秀，太湖15条入湖河流水质全部达到或优于Ⅲ类，水质同比改善明显。据中新网 2021 年 7 月 30 日发布数据显示，长三角生态绿色一体化发展示范区建设在授权事项稳步推进、机制创新取得突破、政府支持力度加大、改革成果初步显现等方面取得了积极成效。其中，22 项创新经验得到国家长三角一体化发展办公室肯定并推广。2021 年 10 月 16 日上午，长三角生态绿色一体化发展示范区两周年建设工作现场会在苏州吴江举行，据现场会议发布数据来看，两年来示范区已形成 73 项制度创新成果。位于一体化示范区先行启动区核心的"水乡客厅"重点项目也于 2021 年 10 月 16 日正式开工，水乡客厅位于沪苏浙交界处，是依托长三角原点，由两省一市共同打造的功能样板区，也是长三角生态绿色一体化发展示范区"核心中的核心"。水乡客厅立足世界眼光、国际标准、中国特色，以"绿色示范、创新引领、基因传承、交通支撑"为发展策略，将打造成为生态绿色高质量发展的实践地、跨界融合创新引领的展示区、世界级水乡人居典范的引领区。此外，跨省域互联互通项目、"水乡客厅蓝环示范段理水筑绿"项目、"方厅水院水乡客厅"核心项目、"科大亨芯"研发创新项目等重点系列项目也陆续开工，涉及互联互通、生态绿色、产业创新、存量盘活等示范区一体化建设的方方面面。

专题三：G60 科创走廊建设

一、发展沿革

G60 科创走廊起源于上海松江段 G60 高速公路，东起上海松江，经过浙江嘉兴、杭州，一路延伸至云南昆明。长三角 G60 科创走廊包括 G60 国家高速公路和沪苏湖、商合杭高速铁路沿线的上海市松江区，江苏省苏州市，浙江省杭州市、湖州市、嘉兴市、金华市，安徽省合肥市、芜湖市、宣城市 9 个市（区），总面积 7.62 万平方公里。

G60 科创走廊发展已经历了上海松江 G60 科创走廊（1.0版）——沪嘉杭 G60 科创走廊（2.0 版）——长三角 G60 科创走廊（3.0 版）三个阶段。2016 年 5 月 24 日，上海市松江区提出沿 G60 高速公路构建产城融合的 G60 上海松江科创走廊（上海松江 G60 科创走廊 1.0 版）；2017 年 7 月 12 日，上海市松江区与杭州、嘉兴签订《沪嘉杭 G60 科创走廊建设战略合作协议》，深化松江与杭州、嘉兴全方位、紧密型的科创合作和产业对接，由此从 1.0 版的一座城到 2.0 版的沪嘉杭三市；2018 年 6 月 1 日，G60 科创走廊首次联席会议在上海召开，上海市松江区、嘉兴市、杭州市、金华市、苏州市、湖州市、宣城市、芜湖市、合肥市 9 地级市共同发布《G60 科创走廊松江宣言》，G60 科创走廊从城市战略上升为长三角一体化国家战略的重要组成部分，形成 3.0 版的"一廊、一核、九城"（见图 5 - 3）。

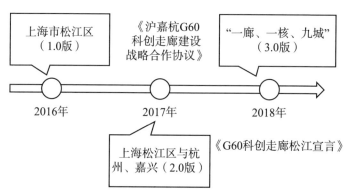

图 5 - 3　G60 科创走廊发展时间轴

2019 年 12 月 1 日，中共中央、国务院印发了《长江三角洲区域一体化发展规划纲要》，指出依托交通大通道，以市场化、法治化方式加强合作，持续有序推进 G60 科创走廊建设，打造科技和制度创新双轮驱动、产业和城市一体化发展的先行先试走廊。2020 年 12 月 20 日，科技部印发《长三角科技创新共同体建设发展规划》，强调发挥 G60 科创走廊九城市的创新资源集聚优势，先行先试一批重大创新政策，协同布局一批科技创新重大项目和研发平台，促进科技资源开放共享和科技成果转移转化。G60 科创走廊由地方的生动实践上升为国家战略重大平台，并被纳入国家"十四五"规划。

二、建设成效

（一）经济高质量增长速度快

从经济发展来看，自 G60 科创走廊建设以来，九城 GDP 总量约占全国的 6.67%，地方财政收入约占全国的 8.33%，在经济高增速的同时，经济结构也发生了深刻的变化。科创板上市企业超过全国的 20%。同时长三角 G60 科创走廊聚焦于集成电路、人工智能、生物医药等先进制造业产业集群，集聚头部企业数总计 1 400 余家，2020 年产值超 3.2 万亿元①。以上海市松江区为例，2015～2019 年 GDP 年均增长 12.2%，远超同期全国平均水平。G60 科创走廊启动之前的 2015 年，松江区制造业税收比重仅有 29.12%，远低于占比 47.15% 的房地产税收；至 2019 年，房产税收占比下降到 24.9%，制造业税收占比增长至 48.5%，

---

① 资料来源：https://baijiahao.baidu.com/s? id＝1713467053292242346.

接近税收的一半。在这一结构优化的同时，松江区也实现了财政收入的大幅增长。

（二）产业协同发展成效好

从 G60 科创走廊产业（园区）联盟的设立及 G60 各城市主要产业[①]可以看出，其产业分工秉承着"立足基础产业，强化科技赋能，共同推动先进制造业发展"的原则，其产业同质化问题相对较小，产业间分工较为明确：其中新材料产业为先进制造业集群的打造奠定基础；人工智能产业则通过其与其他制造业产业（如智能驾驶、安防、机器人及先进装备制造等）的融合与嵌入式发展，为其提供内生动力，促进其能级跃迁，继而提升先进制造业水平；光伏、新能源以及环境产业等，则为 G60 科创走廊的发展提供了良好的生态环境，是建设长三角生态走廊的重要一步以及实现区域双碳目标的重要举措；通航产业则在交通层面加强了 G60 科创走廊各城市间的联系，促进了区域间信息交流快捷化以及资源要素流动便捷化发展；生物医药及集成电路产业则作为区域优势产业，对 G60 科创走廊先进制造业集群的打造具有重要意义。

九城市编制完成《长三角 G60 科创走廊"十四五"先进制造业协同发展规划》聚焦集成电路、生物医药、民用航空、数字经济、未来科技五大先导产业，勾勒了产业链贯通、价值链互补、供应链对接、数据链共享、创新链整合"五链协同"路径（见表 5 – 6）。

---

① 资料来源：http：//shzw.eastday.com/shzw/G/20181111/u1a14371265.html.

表 5 – 6　　　　　　　　　长三角 G60 科创走廊各城市主要产业

城市	主要产业
上海松江	电子信息、现代装备、都市型工业 重点基于工业互联网打造智能制造、集成电路、生物医药、智能安防、新能源、新材料等
嘉兴	以电子信息、高端装备制造两大主导产业为引领；以战略性新兴产业、互联网经济为先导，先进制造业和现代服务业为支撑，重点培育环保、新材料等中高端产业集群
杭州	发展万亿级信息产业集群和文化创意、旅游休闲、金融服务、健康产业、时尚产业、高端装备制造等产业集群
金华	打造信息经济、先进装备制造、健康生物医药、文化影视时尚和休闲旅游服务五大产业
苏州	新一代电子信息、新材料、软件和集成电路、新能源与节能环保、医疗器械和生物医药产业；重点发展生物医药、高端装备、智能制造、"互联网＋"等
湖州	初具休闲旅游、绿色家居、智能电梯等产业集群基础；加快发展信息经济、高端装备、健康产业、休闲旅游四大产业
宣城	汽车及装备制造业、新能源新材料产业、食品医药产业
芜湖	机器人及智能装备、新能源汽车、现代农业机械、通用航空
合肥	新型显示、智能语言及人工智能、光伏新能源、家用电器、集成电路、新能源汽车及智能汽车、机器人、生物医药、装备制造

（三）机制探索成效显著

1. G60 走廊协同创新中心建设

为更好地服务国家战略，推动科创驱动先进制造业产业链一体化发展，G60 科创走廊大力推进产业协同创新中心（科创飞地）建设，积极实践跨区域产业合作新模式（见表 5 – 7）。

表 5 – 7   G60 科创飞地一览

名称	设立时间	飞出地	飞入地	产业定位
南浔（上海）科创中心	2020.06	浙江湖州	上海松江	高端电机电控、信息技术、生物医药、工业自动化
金华开发区上海科创中心	2020.10	浙江金华	上海松江	——
安徽科技园	2020.10	安徽	上海松江	人工智能、机器人
宣城（上海）科创中心	2020.11	安徽宣城	上海松江	——
芜湖（上海）产业创新中心	2020.12	安徽芜湖	上海松江	工业自动化
G60 浙商科创中心	2020	浙江	上海松江	——

G60 协同创新中心是具有经济属性的飞地，不改变行政区域和行政管理，侧重产业链接，不同于行政区域意义的飞地；G60 协同创新中心聚焦科创驱动产业链一体化发展，产业项目在不同城市和不同资源条件下具有精准匹配的特点，并非仅关注产业转移；与此同时，G60 协同创新中心区别于存粹企业市场化行为的飞地，在政府通力协作领导下，形成以国资等平台为主体、带动市场主体研发和总部向上海集中，支撑制造业的产品和技术升级的运营模式（见图 5 -4）。

2. G60 走廊产业（园区）联盟建设

G60 科创走廊产业园区联盟已经成为 G60 科创走廊产业协同发展的重要动力，截至 2021 年 11 月，科创走廊产业（园区）联盟已经发展到 15 个，聚焦人工智能、集成电路及高端装备制造等先进制造业产业集群，在新材料、新能源、机器人、智能驾驶、人工智

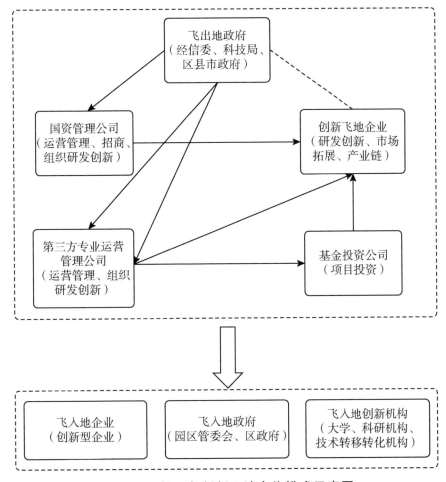

图5-4 长三角创新飞地合作模式示意图

资料来源：曹贤忠，曾刚. 基于长三角高质量一体化发展的创新飞地建设模式［J］. 科技与金融，2021（4）：36-41.

能与生物医药产业等方面均成立了相应联盟。G60科创走廊产业（园区）联盟的建立始于2018年，且在2019年其进度明显加快，总体而言其建设立足区域传统优势产业，注重产业分工与资源要素配置，聚焦于打造先进制造业产业集群并推动其能级跃迁，进一步提升其产业竞争力（见表5-8）。

表 5-8　　　　　　长三角 G60 科创走廊产业（园区）联盟一览

产业（园区）联盟	成立时间	成立地	发展目标
机器人产业联盟	2018.12	安徽芜湖	促进机器人产业链资源整合，加快其与人工智能深度融合发展
智能驾驶产业联盟	2019.04	江苏苏州	打造 G60 科创走廊智能驾驶产业一体化发展平台，推动人工智能与智能驾驶深度融合
新材料产业技术创新联盟	2019.04	浙江金华	为制造业高质量发展奠定基础，加快集群化发展以及金华新材料产业发展高地建设
新能源和网联汽车产业联盟	2019.04	安徽合肥	旨在持续推进区域新能源和网联汽车的一体化布局与合作，实现长三角 G60 科创走廊新能源和网联汽车能级跃升
人工智能产业联盟	2019.05	上海松江	促进人工智能技术研发、应用创新和产业化，打造行业品牌和标杆，建设国际一流的人工智能产业高地
生物医药产业联盟	2019.05	浙江杭州	提升 G60 科创走廊生物医药企业的研究开发、生产制造、系统集成应用水平
长三角 G60 科创走廊产业园区联盟	2019.06	江苏苏州	发挥园区载体优势，加强科技创新前瞻布局，加快核心技术攻关力度，提升区域产业集群全球竞争力，将长三角 G60 科创走廊建设成为国际一流的先进制造业重要集聚区
集成电路产业联盟	2019.06	江苏苏州	结合产学研用，开展技术合作转移以及人才培养，提升科创走廊集成电路产业竞争力
智能装备产业联盟	2019.09	浙江湖州	打造 G60 科创走廊区域内智能装备产业合作交流平台，加快推进产业一体化布局和各类高端要素对接
智能安防产业联盟	2019.09	上海松江	打造智慧安防产业创新策源、应用示范、制度供给、人才集聚的新高地
环境产业技术创新联盟	2020.09	安徽合肥	旨在打造环境领域全国技术策源地、重大关键产品来源中心，促进长三角生态走廊建设，加快环境领域科技成果孵化和产业集聚

续表

产业（园区）联盟	成立时间	成立地	发展目标
通航产业联盟	2020.10	安徽芜湖	促进长三角空中一体化联网全面提速
新能源产业联盟	2021.04	安徽宣城	以电池制造为主要载体推动产业链发展以及产业在价值链中的跃升，旨在将G60科创走廊打造为全国领先、全球一流的新能源产业集聚地
光伏协同创新产业联盟	2021.06	浙江嘉兴	促进光伏产业转型升级和协同发展，提升区域光伏产业整体竞争力，助力实现"碳达峰、碳中和"目标
科创走廊专精特新中小企业协作联盟	2021.11	上海松江	综合性的产业联盟，与其他产业联盟联动发展，助力九城市产业链补链固链强链和产业一体化发展

3. 打通产业链和创新链

产业链关注于企业群的内在联系突出结构属性和价值属性，而创新链则突出创新活动的链接属性，两者有重叠但侧重点不同。关注于G60科创走廊这一地区，在产业链方面，G60科创走廊聚焦集成电路、人工智能、生物医药等"6＋X"战略性新兴产业，一廊九城建立九城市"1＋7＋N"产业联盟体系，与中国商飞共建G60大飞机供应链培育体系，近千家企业纳入供应商储备。在创新链方面，依托世界顶尖的国际脑科学与疾病模型研发中心、科恩实验室、优图实验室、恒大新能源汽车全球研究总院、低碳技术创新功能型平台等，支持中小型航空发动机、高端服务器、5G通信、抗疫药物等一批关键技术创新突破。2021年11月，九城市政府共同出资、引入社会资本联合发起设立的科创走廊科技成果转化基金正式对外发布，兼顾盈利性和公益性，助推更多科技成果向现实生产力转化。

G60 科创走廊围绕产业链部署创新链，围绕创新链布局产业链，推动创新链高效服务产业链，实现创新成果快速转移转化并推动产业结构转型升级，最终实现点成面，构建强大区域创新磁场和完善产业链生态。例如，G60 科创走廊宣城（上海）科创中心引导宣城汽车零部件、智能制造、医药食品、电子信息、新能源、新材料等六大产业龙头企业、骨干企业在沪设立研发机构，鼓励优秀创业团队项目入驻并进行深度培育扶持，利用长三角 G60 科创走廊九城市既有产业链资源进行协同孵化、技术攻关，带动高端研发创新资源加速向松江区集聚，构建跨区域产业合作新模式。

4. 政策配套

从政策配套角度而言，《关于推动长三角 G60 科创走廊产业（园区）联盟建设发展的指导意见（试行）》和《关于推动长三角 G60 科创走廊产业合作示范园区建设发展的指导意见（试行）》两份意见正式面世，意见中对产业联盟及产业合作示范区的部署再次予以强调与重视，将之视为区域产业组织体系有序布局的骨架以及推动区域优势产业集聚，优化产业链各环节组织分工的重要抓手。此外，在 G60 各城市未来发展中，G60 科创走廊也被寄予厚望。无论是发挥 G60 科创走廊的跨区域合作平台作用，抑或是深度融入长三角 G60 科创平台、实施 G60 科创走廊建设专项行动计划，又或是组建合资公司以及共建产业合作园区等，均将深度融入 G60 科创走廊建设视为未来城市与区域发展的重要举措。

三、问题与挑战

聚焦 G60 科创走廊建设"三共三先"的战略定位（形成资金共同投入、技术共同转化、利益共同分享的协同创新共同体；中国制造迈向中国创造的先进走廊、科技和制度创新双轮驱动的先试走廊、产城融合发展的先行走廊），着力打造世界级产业集群及科技创新策源地，当前 G60 科创走廊建设仍存在以下四大问题。

一是行政壁垒阻滞区域间信息共享，延缓 G60 科创走廊更高质量一体化发展。G60 科创走廊所含 9 市隶属于不同地区，其行政壁垒的客观存在使得区域间信息交流产生了一定的阻碍，而信息交流的相对滞后将会对区域资源要素流动产生一定的负面影响，使得区域间要素配置难以达到最优理想状态，也不利于 G60 科创走廊不同城市间分工定位的精准把握。由区域行政壁垒所导致的信息共享阻滞一定程度上是 G60 科创走廊世界级产业集群及科技创新策源地建设的桎梏，也是亟待解决的现实问题。

二是不同城市对 G60 科创走廊建设重视程度存在客观差异。一方面从城市组成而言，基于城市协同发展能力来看，G60 科创走廊所囊括的 9 个城市涵盖龙头城市、高级区域中心城市、一般区域中心城市、区域重要城市 4 大类，城市间经济社会发展基础迥异，这一点导致了不同城市融入 G60 科创走廊建设的程度存在差异；另一方面，从 G60 科创走廊发展沿革而言，不同城市加入 G60 科创走廊的时间也具有前后之分，这在一定程度上导致不同城市对 G60 科创走廊建设相关政策的响应程度有所区别。城市本底的基础差异及城市加入 G60 科创走廊建设的时点差异两者相叠加，致使 G60 科创走廊建设在不同城市发展战略中的定位不尽相同，而不同城市对这一政策重视程度的差异，则会对 G60 科创走廊协同创新共同体的打造具有重要影响。

三是区域产业合作路径亟须拓宽，产学研合作内容有待深化。G60 科创走廊以产业协同创新中心（科创飞地）建设为抓手，积极实践跨区域产业合作新模式，但从已有飞地建设而言，一方面其数量依旧较少，且相对集中飞入上海市松江区，在形成松江区绝对合作核心地位的同时，其他城市间、区域间的合作交流沟通则亟须加强，区域产业合作路径也有待进一步拓宽；另一方面目前以科创飞地布局为代表的区域产学研合作一体化形式目前仍相对聚焦于工业自动化、信息技术及生物医药等产业的布局与链接，而对于其他产业的布局、资源配置及运营管理模式优化等有待于进一步的深入探索。

四是政府与企业平台间的协同合作机制亟待完善。政府与企业在 G60 科创走廊建设中均承担着重任，政府是宏观战略布局的指导者与科技和制度创新双轮驱动的推动者，企业则是制造业转型升级的实践者与科技创新的主导者，两者的发展目标共性与差异性并存，如何将两者的发展目标和谐统一，实现两者的互利共生、相互促进，是 G60 科创走廊建设的关键一环。政府与企业平台间的协同合作机制建设则对政府与企业实现发展双赢，共促 G60 科创走廊更高质量一体化发展具有重要意义。

四、对策与建议

一是建立信息共享平台，降低交流门槛，强化区域政府平台融合对接。囿于行政壁垒及信息时滞性的存在，政府政策信息的透明化、公开化、及时化处理对 G60 科创走廊建设的重要性越来越得到凸显。科创走廊所涵盖的 9 城市宜联合建立政府信息公开平台，将相关政策信息，尤其是与涉及 G60 科创走廊跨区域建设的相关政府文件予以公示，并基于信息共享平台积极展开区域政府间的交流沟通，以期为政策制定提供借鉴，同时可定期展开区域政府间交流合作会议等，以降低信息门槛，强化政府间平台融合及政策对接。

二是立足区域本底，明确产业分工，助力 G60 科创走廊建设。结合不同城市区域发展之特异性，立足于区域资源本底及产业优势，参考 G60 科创走廊建设的战略目标及客观发展需要，将城市发展目标与之有机结合，在 G60 科创走廊世界级产业集群及科技创新策源地建设目标的大框架下，结合自身城市定位进一步明晰其产业分工任务，积极寻求跨区域合作路径，取长补短，推动 G60 科创走廊更高质量一体化发展。

三是依托科创飞地模式，探寻区域产学研用一体化及创新合作发展新路径。科创飞地具有经济属性，侧重于产业链接，旨在创新驱动产业链一体化发展，同时也是推动制造业转型升级的全新运营模式。G60 科创走廊建设宜依托科创飞地模式，拓宽制造业在科创走廊布局的广度与深度。此外，政府也可将视科创飞地为区域产学研用合作的枢纽以及技术交流的集散地，通过科创飞地建设，在完善产业链布局的同时，开拓区域创新合作交流新渠道，强化区域间要素置换，优化资源配置水平，缩小区域创新能力差异，促进区域间合作水平提升，助力塑造 G60 科创走廊协同创新共同体。

四是明确企业在科技创新中的主体地位，强化校企联合，促进产学研用一体化发展，通过头部企业引领，推动产业链跨区域协同合作；以政府为推手，政策为导向，发挥头部企业示范作用，激发小微企业创新活力，通过针对性定制化的政策支持，为企业科技创新塑造良好的发展环境。同时应当关注科研成果的现实收益问题，将科学技术成果深度嵌入区域社会经济发展中；积极打造科技成果转化的样板区，树立协同创新示范企业，将发展经验予以推广传播，因时制宜因地制宜地稳步推进区域校企合作，明确产学研用各环节的分工并提升其转化效率。

参 考 文 献

[1] 曹贤忠，曾刚. 基于长三角高质量一体化发展的创新飞地建设模式 [J]. 科技与金融，2021（4）：36-41.

[2] 陈芳，胡艳. 长江经济带绿色发展平衡的阻碍：水平差距还是协调低效 [J]. 科技进步与对策，2020，37（11）：8.

[3] 陈诗一，陈登科. 雾霾污染、政府治理与经济高质量发展 [J]. 经济研究，2018，53（2）：20-34.

[4] 段学军，邹辉，陈维肖，等. 长江经济带形成演变的地理基础 [J]. 地理科学进展，2019，38（8）：1217-1226.

[5] 陆大道. 长江大保护与长江经济带的可持续发展——关于落实习总书记重要指示，实现长江经济带可持续发展的认识与建议 [J]. 地理学报，2018，73（10）：1829-1836.

[6] 陆大道. 建设经济带是经济发展布局的最佳选择——长江经济带经济发展的巨大潜力 [J]. 地理科学，2014.

[7] 罗芳，郭艺，魏文栋. 长江经济带碳排放与经济增长的脱钩关系——基于生产侧和消费侧视角 [J]. 中国环境科学，2020，40（3）：10.

[8] 秦尊文. 推动长江经济带全流域协调发展 [J]. 长江流域资源与环境，2016，25（3）：351-352.

[9] 孙久文，张静. 长江经济带发展的时空演变与发展建议

[J]. 政治经济学评论，2019，10（1）：151－171.

[10] 田野，陈洁，董莹，等. 长江经济带主导产业的类型与格局演化——以省级以上开发区为例 [J]. 经济地理，2020，40（12）：9.

[11] 王金南. 实现生态产品价值是时代重任 [N]. 浙江日报，2020－08－17. https：//theory. gmw. cn/2020－08/17/content_34092402. htm.

[12] 魏伟，缪江波，夏俊楠，等. 湖北省长江经济带沿岸地区"三区空间"演化特征及机制分析（2010—2017）[J]. 经济地理，2020，40（2）：11.

[13] 曾刚. 长江经济带协同发展的基础与谋略 [M]. 北京：经济科学出版社，2014：1－413.

[14] 曾刚. 长江经济带协同创新研究：创新. 合作. 空间. 治理 [M]. 北京：经济科学出版社，2016：1－417.

[15] 曾刚，曹贤忠，王丰龙，等. 长三角区域一体化发展推进策略研究——基于创新驱动与绿色发展的视角 [J]. 安徽大学学报（哲学社会科学版），2019，43（1）：148－156.

[16] 曾刚，等. 长江经济带城市协同发展能力指数（2020）研究报告 [M]. 北京：中国社会科学出版社，2021：1－132.

[17] 曾刚，王丰龙，滕堂伟，等. 长江经济带城市协同发展能力指数（2018）研究报告 [M]. 北京：中国社会科学出版社，2019：1－124.

[18] 张军扩，侯永志，刘培林，等. 高质量发展的目标要求和战略路径 [J]. 管理世界，2019，35（7）：1－7.

[19] 章屹祯，曹卫东，张宇，等. 协同视角下长江经济带制造业转移及区域合作研究 [J]. 长江流域资源与环境，2020（1）：

23 – 34.

[20] 朱贻文，曾刚，邹琳，等．长江经济带区域创新绩效时空特征分析［J］．长江流域资源与环境，2017，26（12）：1937 – 1945.

[21] Bathelt，H.，Glückler，J. The Relational Economy：Geographies of Knowing and Learning［M］．Oxford：Oxford University Press，2011.

[22] Boschma R. Towards an Evolutionary Perspective on Regional Resilience［J］．*Regional Studies*，2015，49（5）：733 – 751.

[23] Coe，N. M.，Yeung，H. W. Global Production Networks：Theorizing Economic Development in an Interconnected World［M］．Oxford：Oxford University Press，2015.

[24] Cooke P. Regional Innovation Systems：General Findings and Some New Evidence from Biotechnology Clusters［J］．*The Journal of Technology Transfer*，2002，27（1）：133 – 145.

[25] Depner，H.，Bathelt，H. Exporting the German Model：the Establishment of a New Automobile Industry Cluster in Shanghai［J］．Economic Geography，2005，81：53 – 81.

[26] Hassink R.，Isaksen A.，Trippl M. Towards a Comprehensive Understanding of New Regional Industrial Path Development［J］．*Regional Studies*，2019：1 – 10.

[27] Kemeny T.，Storper M. Is Specialization Good for Regional Economic Development?［J］．*Regional Studies*，2015，49（6）：1003 – 1018.

[28] Lorenz，E. Trust，Contract and Economic Cooperation［J］．Cambridge Journal of Economics，1999，23：301 – 315.

［29］ Mudambi，R. Location，Control and Innovation in Knowledge-intensive Industries ［J］. Journal of Economic Geography，2008，8：699 – 725.

［30］ Piazza M. ，Mazzola E. ，Abbate L. et al. Network Position and Innovation Capability in the Regional Innovation Network ［J］. *European Planning Studies*，2019，27（9）：1857 – 1878.

［31］ Porter，M. The Competitive Advantage of Nations ［M］. New York：Free Press，1990.

［32］ Ramamurti，R. & Hillemann，J. What is "Chinese" about Chinese Multinationals? Journal of International Business Studies，2018，49（1），34 – 48.

［33］ Storper，M. Separate Worlds? Explaining the Current Wave of Regional Economic Polarization ［J］. Journal of Economic Geography，2018，18：247 – 270.

［34］ Szakálné Kanó I. ，Lengyel B. ，Elekes Z. et al. Agglomeration，Foreign Firms and Firm Exit in Regions under Transition：the Increasing Importance of Related Variety in Hungary ［J］. *European Planning Studies*，2019：1 – 24.